Bernd Schlag

Naturwissenschaftliche Forscherecken im Kindergarten einrichten und nutzen

Bernd Schlag, Dipl.-Biol., ist Projektleiter bei der Gesellschaft für Umweltbildung Baden-Württemberg e. V. Er engagiert sich seit vielen Jahren für die frühkindliche Bildung in Kindergärten der Metropolregion Rhein-Neckar und hat mehrere Modellprojekte in den Bereichen Ökologie und Naturwissenschaften geleitet. Neben der Begleitung in der Praxis bietet die Gesellschaft auch zahlreiche Fortbildungen an. Dabei möchte sie Erzieherinnen unterstützen, die hohen Anforderungen der Bildungspläne zu erfüllen.

Frühe Kindheit | Mathematik, Naturwissenschaft & Technik

Bernd Schlag

Naturwissenschaftliche Forscherecken im Kindergarten einrichten und nutzen

Cornelsen
SCRIPTOR

Ihre Wünsche, Kritiken und Fragen richten Sie bitte an:
Marketing, 14328 Berlin, Cornelsen Service Center, Servicetelefon 030/89785 89 29

ISBN 978-3-589-24595-6

2. Auflage 2009

Lektorat: Renate Krapf, Mannheim
Layout und Umschlag: Claudia Adam Graphik-Design, Darmstadt
Satz: Markus Schmitz, Büro für typographische Dienstleistungen, Altenberge
Druck und Bindung: CPI – Ebner & Spiegel, Ulm
Fotografien: Bernd Schlag, Weinheim/Bergstraße
Illustrationen: Angelika Ullmann, Frankfurt/Main

Printed in Germany

Weitere Informationen finden Sie im Internet unter
www.cornelsen.de/fruehe-kindheit

Inhalt

Vorwort

Die frühkindliche Bildung und die Notwendigkeit, die Bildungsarbeit in Kindertageseinrichtungen weiterzuentwickeln, sind in aller Munde. Das Denken zu entfalten, um die Welt zu entdecken und zu verstehen, ist hierbei eines der großen Bildungs- und Entwicklungsfelder. Naturwissenschaften von Anfang an lautet das Motto, vor dessen Hintergrund eine Vielzahl von Initiativen im Laufe der letzten Jahre entstanden ist. Als Projektleiter bei der Gesellschaft für Umweltbildung Baden-Württemberg e.V. konnte ich in den letzten Jahren einige Projekte mitgestalten. Mit dem Biologisch-Technischen Assistenten Klaus Volk habe ich im Rahmen eines Projektes der Stiftung Kinderland Baden-Württemberg und eines Projektes, das von der Aktion Mensch unterstützt wurde, fünf Kindergärten aus Heidelberg, Mannheim und Weinheim ein Jahr lang im Bereich Naturwissenschaften und Umweltbildung betreut. Das eigene Forschen und Entdecken der Kinder standen dabei im Vordergrund. Mittlerweile haben sich die Aktivitäten in der Region herumgesprochen und weitere Kindergärten sind hinzugekommen. Die Begeisterung der Kinder, Erzieherinnen und Eltern hat mich motiviert, den Schwerpunkt meiner Arbeit in den Bereichen Umweltbildung und Naturwissenschaften im Elementarbereich zu sehen. Die Wissbegierde und Kreativität der Erzieherinnen und Kinder gaben den Anlass, unsere Ideen und Erfahrungen in einem Buch zu beschreiben. Wenn es nur einige Erzieherinnen und Eltern anregt, sich für Naturwissenschaften zu interessieren und eigene Projekte zu starten, so hat es sein Ziel schon erreicht.

Unsere Aktivitäten in den Kindergärten wurden 2007 als offizielles Projekt der UN-Dekade „Bildung für eine nachhaltige Entwicklung" ausgezeichnet. Die Bedeutung der Bildung im Elementarbereich wird von der Politik und der Öffentlichkeit erkannt, aber leider mangelt es oftmals noch an der entsprechenden Förderung von Initiativen, die sich für die frühkindliche Bildung einsetzen. Zudem sind die Arbeitsbedingungen in den Kindertageseinrichtungen nicht immer befriedigend. Die durchschnittliche Kinderzahl in den Gruppen ist oft zu hoch und die finanzielle Ausstattung für mehr Personal, didaktische Materialien oder Fortbildungen zu gering. Wenn es zu einer nachhaltigen Weiterentwicklung der Bildungsarbeit in Kindertageseinrichtungen kommen soll, muss sich die Wertschätzung der Bildungsaktivitäten nicht nur in Theorien und Ansprüchen zeigen, sondern auch in den Rahmenbedingungen für die Bildungsarbeit der Erzieherinnen.

An der Entwicklung unserer Projekte im frühkindlichen Bildungsbereich und an der Entstehung dieses Buchs haben viele mitgewirkt:

Besonders dankbar bin ich den Erzieherinnen und den Leitungen der Kindergärten Sonne, St. Laurentius und Waid in Weinheim, den Kindergärten St. Raphael und St. Theresia in Heidelberg, dem Kinderhaus Doris Wespin und dem integrierten Regenbogenkindergarten in Mannheim, die mit großer Begeisterung ihre Einrichtungen für die naturwissenschaftlichen Forscherstunden geöffnet haben. Auch die Träger der Kindergärten haben unsere Aktivitäten in den Kindergärten unterstützt und gefördert.

Mein Mitarbeiter Klaus Volk hat sich mit viel Engagement an den naturwissenschaftlichen Forscherstunden beteiligt und sich auch so manche Stunde mit dem Manuskript beschäftigt.

Hans H. Baetcke gilt mein Dank für seine langjährige Begleitung und Unterstützung unserer Projektarbeit in den Kindergärten.

Corinna Bienhaus-Bamberger hat mit großer Begeisterung und Fachkenntnis unser Buchprojekt begleitet und viel zu seinem Gelingen beigetragen. Ebenso haben Till Janzer, Michael Knochel, Karsten Pöhl und die Künstlerin Andrea Keil viele Anregungen beigetragen.

Einen guten Kooperationspartner, der sich für die Förderung der Naturwissenschaften in den Kindergärten engagiert, haben wir in Jörn Birkhahn vom Kindergartenlabor gefunden.

Prof. Manuela Welzel, Anja Rössler von der Pädagogischen Hochschule Heidelberg und Markus Bissinger von der Klaus Tschira Stiftung verdanken wir viele Anregungen für unsere Arbeit und die Teilnahme an der Explore Science in Mannheim.

Dipl.-Psychologin Anne Heck hat uns mit ihrem Erfahrungsschatz immer wieder neue Denkanstöße gegeben.

Irmgard Kutsch von der Naturkindergartenwerkstatt und Marketa Kolarova vom Ingenieurbüro „Stadt und Natur" sind unsere wichtigsten Partner, wenn es um ökologische Aktivitäten im Außengelände geht.

Mit Beeke Dittschar, Eva-Maria Herzog-Reichwein, Marion Jöst, Anna-Lena Reimers und Bernd Stechl verbinden mich gemeinsame naturwissenschaftliche Forscherstunden in den Kindergärten der Region und die Begeisterung für die pädagogische Arbeit.

Emilie Strejckova aus Prag, die sich unermüdlich für ökologisch gestaltete Kindergärten in Tschechien einsetzt, und Oliver Rohloff, Leiter des Kindergartens Wackelzahn aus Hamburg, haben unsere naturwissenschaftliche Arbeit im Rahmen von gemeinsam organisierten internationalen Projekten bereichert.

Besonders dankbar bin ich Hans-Werner Hector und der H. W. & J. Hector Stiftung, die unsere naturwissenschaftliche Arbeit in den Weinheimer Kindergärten fördern. Diese Unterstützung ermöglicht es uns, eine nachhaltige frühkindliche Bildungsarbeit durchzuführen.

Das Buch möchte ich meinen Eltern Auguste und Otmar Schlag widmen, die mir als Kind ein eigenes Gartenbeet geschenkt haben und so einst die Grundlage für meine Freude und mein Interesse an den Naturwissenschaften legten.

Bernd Schlag

1. Pädagogisches Konzept

Naturwissenschaftliche Lernangebote ergingen als offizieller Bildungsauftrag an die Kindertageseinrichtungen. Sie sind als Bildungsziel in den Bildungsplänen der Bundesländer verankert. Forscherecken sind eine kindgerechte Möglichkeit, diesen Auftrag umzusetzen. Kinder sind aufmerksame Beobachter von Natur- und Alltagsphänomenen. Aus ihren Alltagserfahrungen heraus entstehen viele ihrer Fragen und Interessen. Forscherecken bieten Kindern zahlreiche Möglichkeiten zu selbsttätigem Forschen und geben ihnen die Chance, sich ein Grundwissen über die Welt anzueignen. Das **pädagogische Konzept** von Forscherecken hat dabei sowohl die kindlichen Selbstbildungsprozesse als auch die Rolle der Erzieherin im Blick.

1.1 Forscherecken als Lernorte für Kinder

Die Zeit im Kindergarten gehört zu einer besonders wichtigen Lernphase, denn Kinder sind in diesem Lebensalter sehr aufnahmefähig und neugierig. Sie interessieren sich für naturwissenschaftliche Phänomene und nehmen Anregungen, sich mit naturwissenschaftlichen Themen zu beschäftigen, gerne auf. Kinder haben alle entwicklungspsychologischen Voraussetzungen, um sich mit naturwissenschaftlichen Themen zu beschäftigen. Sie erleben die Welt mit allen Sinnen und versuchen, die Zusammenhänge in ihrer Lebenswelt zu begreifen. Sie beobachten ihre Umwelt, haben einen Blick für Details, experimentieren mit Gegenständen, sortieren, stellen Fragen, vergleichen und entdecken Neuland. Damit bringen sie die Grundvoraussetzungen für naturwissenschaftliches Forschen bereits mit. **Forscherecken** bieten ihnen dafür den idealen **Lernort.**

Kindgerechtes Forschen und Experimentieren

Damit Kinder den Lernort Forschecke für sich nutzen, sind die folgenden Hinweise für ein **kindgerechtes Forschen** und **Experimentieren** hilfreich:

- Die Kinder führen die Experimente selbst durch. Jedes Kind braucht unterschiedlich viel Zeit, um naturwissenschaftliche Themen für sich zu erschließen und zu erfassen. Durch die individuelle Auseinandersetzung mit dem Materialangebot in den Forscherecken entwickeln Kinder ihre eigenen Lernstrukturen.
- Beobachtungen beim Forschen werden gemeinsam diskutiert. Die Kommunikation zwischen den Kindern und mit der Erzieherin ist von großer Bedeutung. Kinder können dabei ihre Sprachfähigkeiten deutlich verbessern, ihren Wortschatz erweitern und lernen, das Erlebte genau zu beschreiben. Die Lernprozesse werden vertieft und verinnerlicht.

Abb. 1.1: Kinder beim konzentrierten Forschen

- Wenn im Kindergartenalltag eine Frage mit naturwissenschaftlichem Hintergrund entsteht, können die Kinder nachschauen, ob die Materialien der Forscherecken weiterhelfen. Hier kann dann auch die Hilfestellung der Erzieherinnen gefragt sein, um Kinder auf die richtige Spur zu bringen. Sie können dann viele eigene Wege erproben, um sich der Lösung ihrer Frage anzunähern. Dieser Prozess ist von größter Bedeutung für das Kind. Es lernt, sich auf vielseitige Weise mit einer Frage zu beschäftigen, geduldig etwas auszuprobieren, immer wieder neue Wege zu gehen, verschiedene Materialien einzubeziehen, mit anderen Kinder zu kommunizieren und schließlich seine selbst gefundene Lösung zu präsentieren.
- Der Freiraum, den eine Forscherecke den Kindern bietet, ist für diese auch ein Vertrauensbeweis. Es wird ihnen zugetraut, mit der Vielfalt an Materialien zurechtzukommen und diese sinnvoll zu gebrauchen. Dies stärkt das Selbstwertgefühl der Kinder. Wenn sie ganz in ihre Tätigkeit vertieft experimentieren, lässt sich die Bedeutung von Forscherecken für die Entwicklung und Entfaltung der Kinder erkennen. Sie haben hier die Chance, ihrer Fantasie freien Lauf zu lassen und neue, ungewöhnliche Wege zu gehen, die sie zu neuen Erkenntnissen und Erfahrungen führen werden.

1.2 Pädagogische Möglichkeiten von Forscherecken für Erzieherinnen

Die **pädagogischen Möglichkeiten** und Ansatzpunkte für gemeinsame Forscherstunden mit Kindern sind vielfältig. Die Themenfindung geschieht dabei fast von selbst: **Erzieherinnen** müssen lediglich die im Kindergartenalltag entstehenden Fragen aufgreifen und die **Forscherecken** entsprechend einrichten, um so die Kinder dabei zu unterstützen, sich selbstständig mit den verschiedenen naturwissenschaftlichen Themen auseinanderzusetzen. Die Themen Licht, Wasser und Wetter spielen beispielsweise häufig im Alltag der Kindergärten eine Rolle und können didaktisch aufgearbeitet werden. Die Beschäftigung mit den Fragen und Themen der Kinder bringt es mit sich, dass die Erzieherinnen sich selbst mit den verschiedenen naturwissenschaftlichen Fragestellungen, Denkweisen und Lösungswegen auseinandersetzen. Sie entwickeln ihren eigenen Forschergeist. Dieser Forschergeist zeigt sich im Denken in Zusammenhängen, im Blick für Details, einer gesteigerten Aufmerksamkeit, großer Neugierde und Freude am praktischen Forschen. Dieser Prozess verfeinert mit der Zeit die Sensibilität für die Fragen der Kinder. Dadurch

Abb. 1.2: Eine Forscherecke bietet den Erzieherinnen gute Möglichkeiten zur Beobachtung

entsteht ein Forscherklima im Kindergarten, welches zu neuen Projektideen führt. Diese können dann mit den Kindern in den Forscherecken bearbeitet werden. Oft ist es sinnvoll, dass die Erzieherin sich im Forschereckenbereich eher passiv und beobachtend verhält.

Forscherecken bieten Erzieherinnen die Chance:

- Eines weiteren Beobachtungsraums, in dem sie vieles über die Interessen, Lernprozesse und Lernstrategien ihrer Kinder erfahren. Die Kinder zeigen durch ihre Benutzerspuren, was für sie momentan interessant und wertvoll ist, so finden z. B. manche Materialien großen Anklang, andere Materialien bleiben ungenutzt liegen. Erzieherinnen werden so zu Begleiterinnen kindlicher Lernprozesse.
- Themenbereiche anzubieten, die möglicherweise zunächst nicht durch ihr Fachwissen abgedeckt werden können. Sie können sich bei Bedarf Fachleute in die Einrichtung einladen, die Empfehlungen zur Ausstattung beispielsweise zum Thema Chemie geben und helfen, interessante Materialien zu organisieren. Vielleicht arbeiten sogar Eltern im entsprechenden Bereich – eine gute Gelegenheit für eine lebendige Elternarbeit.

Selbsttätige Lernprozesse ermöglichen

Damit eine kindgerechte Annäherung an die Naturwissenschaften gelingt und **selbsttätige Lernprozesse** stattfinden können, sind folgende Punkte hilfreich:

- Der wichtigste Ansatzpunkt ist der Alltagsbezug. Alltägliche Phänomene haben oft komplexe Hintergründe, die zum Nachfragen herausfordern. Ihre Erscheinungsformen sind den Kindern vertraut und die Erzieherinnen können dieses Wissen nutzen. Gemeinsam können sie naturwissenschaftliches Neuland oder bisher unbekannte Zusammenhänge entdecken.

Abb. 1.3: Kinder forschen im Garten

- Beim gemeinsamen Forschen mit Kindern hält sich die Erzieherin mit Lösungsvorschlägen zurück. Gerade das eigene Entdecken der Kinder hinterlässt bei ihnen eine innere Verbindung zum Thema. Sie lernen Fehler auch als kreativen Impuls zur Veränderung kennen und entwickeln ein eigenständiges Denken.
- Erzieherinnen geben Kindern den Freiraum, sich ihrer Persönlichkeit entsprechend den naturwissenschaftlichen Phänomenen zu nähern. Gerne entwickeln Kinder die Experimente auf ihre Weise weiter. Dafür brauchen sie eine ausreichende Anzahl von verschiedenartigen Materialien auf dem Forschertisch. So können sie ihre eigenen Lösungswege entwickeln und ihren Einfällen nachgehen.
- Erzieherinnen versuchen, sich in die Welt des Kindes hineinzuversetzen, um aus dieser Sichtweise heraus das Handeln der Kinder zu verstehen und neue Impulse setzen zu können.
- Forscherecken sind keine statischen Einrichtungen, sondern einem steten Wandel unterworfen. Erzieherinnen passen sie im Dialog mit den Kindern, den Anforderungen der Kinder und den neu entstehenden Fragen an und entwickeln sie kontinuierlich fort. Forscherecken motivieren dadurch auch die Erzieherinnen selbst, sich intensiv mit naturwissenschaftlichen Themen auseinanderzusetzen.

2. Aufbau von Forscherecken

Forscherecken im Innenraum sowie auf dem Außengelände ermöglichen den Kindern ein selbstständiges naturwissenschaftliches Forschen. Wenn sich Erzieherinnen für den **Aufbau** einer **Forscherecke** in ihrem Kindergarten entscheiden, gilt es, das ganze Team von dieser Idee zu überzeugen und auch Eltern und Träger zu informieren sowie ein gemeinsames Vorgehen zu besprechen. Hilfreich bei der Entscheidungsfindung ist es, im Vorfeld Informationen über bereits bestehende Forscherecken in Kindergärten der Umgebung einzuholen und sich mit Kolleginnen auszutauschen, die bereits Erfahrungen gesammelt haben. Die Fachliteratur gibt einen Überblick über das Spektrum an Möglichkeiten.

Nicht jede Erzieherin hat die gleichen Interessen oder ist auf jedem naturwissenschaftlichen Gebiet gleich gut bewandert. Eine wichtige Voraussetzung zum Gelingen und langfristigen Bestand der Forscherecken im Kindergarten ist es deshalb, die Interessenlage und den Kenntnisstand abzuklären. So können unterschiedliche Erzieherinnen die jeweiligen Forscherecken betreuen und sich noch tiefer in ein naturwissenschaftliches Fachgebiet einarbeiten.

Forscherecken sind nicht statisch. Ihre Themen richten sich nach den aktuellen Fragen im Kindergarten. Es wechseln sich biologische, chemische, mathematische und physikalische Inhalte im Laufe der Zeit ab und dementsprechend auch das Materialangebot. So bleiben die Forscherecken für die Kinder dauerhaft interessant, da es immer wieder etwas Neues zu entdecken gibt. Wenn ihre Wünsche und Ideen die Forscherecken gestalten, werden sie diesen neuen Bereich mit großem Interesse und wachsender Begeisterung annehmen. Deshalb ist es sinnvoll, die

Abb. 2.1: Naturmaterialien regen zum Forschen an und gehören in jede Forscherecke

Kinder in regelmäßigen Abständen zu befragen, wie sie sich die Einrichtung ihrer Forscherecke vorstellen. Mitarbeiter der Gesellschaft für Umweltbildung Baden-Württemberg haben einige Kinder aus den Forschergruppen in den Kindergärten befragt. Sie haben sich für ihre Forscherecken Aquarien, Autos, Farben, Fische, Flugzeuge, Glas, Gummibärchen, Kerzen, Knete, Kristalle, Luftballons, Luftpumpen, Lupen, Magnete, Mikroskope, Moos, Papier, Schneckenhäuser, Schüsseln, Steine, Regenwürmer, Waagen und Wasser gewünscht.

2.1 Forscherecken auf dem Außengelände

Auf dem **Außengelände** lassen sich ohne großen Aufwand **Forscherecken** einrichten. Schon ein Komposthaufen oder ein Hochbeet bieten einen vielfältigen Forscherraum, in dem Kinder Bodentiere, Pflanzen und Insekten beobachten und viele Zusammenhänge zwischen den Lebewesen erforschen können. Forscherecken auf dem Außengelände und im Innenraum ergänzen sich gegenseitig. Kleine Bodentiere können beispielsweise in der Einrichtung unter dem Mikroskop untersucht werden. Terrarien bieten die Gelegenheit, die Natur in den Innenraum zu holen und den Kindern vieles, was sich draußen unsichtbar abspielt, für eine längere Beobachtung zugänglich zu machen. (Begleitende und weiterführende Experimente → Kap. 3.6, 3.7 und 3.8)

Ein Bewusstsein für eine nachhaltige ökologische Entwicklung kann schon im Kindergarten angeregt werden. Ein an ökologischen Prinzipien orientiertes Außengelände und ein pädagogisches Programm mit einer großen Vielfalt an Umweltthemen sind wichtige Schritte in diese Richtung: Die Kinder haben ihr eigenes Beet und können die Entwicklung vom Samen bis zur Pflanze beobachten. Durch die gärtnerischen Tätigkeiten erfahren sie viel über das Wachstum und die Pflege der Pflanzen und die Lebensgewohnheiten der dort lebenden Tiere. Sei es das Kochen mit Wildkräutern oder gar der Anbau von essbaren Pilzen, die Möglichkeiten sind vielfältig, um insbesondere Stadtkindern direkte Naturerfahrungen zu ermöglichen und auf diese Weise das Interesse an der Natur zu wecken. Wenn Kinder positive Erfahrungen mit der Natur gesammelt haben, werden sie die Natur auch wertschätzen. Damit ist der Grundstein für ein Umweltbewusstsein gelegt.

Die Architektin Marketa Kolarova ist der Ansicht: „Ein naturnah gestaltetes Außengelände eines Kindergartens ist

Abb. 2.2: Naturnah gestaltetes Außengelände im Kindergarten

nach dem Vorbild der Natur wie eine kleine Landschaft mit kindgerechten Dimensionen gestaltet. Wenn möglich, werden hier auch Bewegungsangebote und Orte für die Entwicklung der Kreativität durch Elemente der Natur gebildet oder zumindest ergänzt. Im naturnahen Spielraum finden die Kinder ein vollständiges Spektrum an Erfahrungsgrundlagen, sie sind von Natur umgeben, können aber auch all die anderen Erfahrungen machen, die sie für ihre gesunde Entwicklung aus heutiger Sicht benötigen. [...] Ein naturnah gestalteter Spielraum ist aber auch prädestiniert zum Einrichten von naturwissenschaftlichen Forscherecken."

Grundausstattung

Kinder brauchen eine **Grundausstattung** an Materialien und Werkzeugen, um die Forscherräume auf dem Außengelände aktiv zu nutzen. Idealerweise sind sie im Garten für die Kinder zugänglich, beispielsweise ist eine Ecke und/oder ein Regalbrett dafür im Schuppen oder Abstellraum für die Spielsachen, die draußen benutzt werden, reserviert:

- Behälter, um gefundene Dinge aufzubewahren
- Lupen, um kleine Dinge an Ort und Stelle zu untersuchen
- Mörser, um Dinge zu zermahlen und zu zerkleinern
- Kescher, um Insekten zu fangen
- Hacken, Spaten, Harken und Gießkannen zum Gärtnern
- Plastikeimer zum Transport
- Schaufeln, um zu schauen, was sich im Boden befindet
- Schubkarren, um größere Steine oder Holz zu transportieren
- Siebe, um Erde und Steine zu trennen

Projektideen

Ein Außengelände muss nicht völlig umgestaltet werden, um gute Forscherbedingungen zu schaffen. Einige der folgenden **Projektideen** lassen sich auch auf kleinem Raum umsetzen:

- Ein **Baumstamm** wird in den Garten gelegt. Algen, Flechten, Moose und Pilze können sich ansiedeln, die wiederum Insekten anlocken. Der Baumstamm ist eine Nahrungsquelle für eine Vielzahl von Zersetzern. Kinder können Tierspuren und Fraßgänge unter der Rinde beobachten. Sie sehen aus wie Schriftzeichen und stammen z. B. von den Larven der Borkenkäfer, Buchdrucker oder Kupferstecher. Kinder können eine Vielfalt von Tieren beobachten und viel über die Naturkreisläufe lernen, beispielsweise über die Zersetzung von organischen Materialien.

Abb. 2.3: Ein verrottender Baumstamm macht Naturkreisläufe sichtbar

- Ein **Wasserbottich** (50–60 cm Durchmesser, 40 cm Tiefe) mit Sumpf- und Wasserpflanzen dient Wasserkäfern und Libellenlarven als Lebensraum. Als Pflanzen sind Hornblatt, Sumpfgras und Igelkolben geeignet. Die Kinder können Pflanzen und Tiere entweder dort oder in der Forscherecke im Innenraum unter einem Mikroskop beobachten. Am Rand des Wasserbottichs hängt ein Stück eines Jutesacks ins Wasser. Kleine Tiere, die ins Wasser gefallen sind, können sich mit seiner Hilfe ins Trockene retten. Alternativ kann auch ein kleiner Wannengartenteich erworben werden. Er wird in den Boden eingegraben. Ein Gitter unter der Wasseroberfläche verhindert, dass Kinder hineinfallen.
- Ein **Steinhaufen** oder ein **Holzhaufen** dient vielen Wärme liebenden Tieren als Aufenthaltsort und als Versteck. Laufkäfer und Feuerwanzen halten sich dort auf, unter Steinen lassen sich Asseln, Käfer und Spinnen finden. Der Holzhaufen dient auch größeren Tieren wie Igeln, Fröschen und Kröten als Aufenthalts- und Überwinterungsort.
- Mit einem **Pilzkasten** aus Holz (50 x 70 cm) an einer dunklen und relativ feuchten Stelle, z. B. unter Sträuchern, lässt sich die Entwicklung der Pilze beobachten und herausfinden, welchen Tieren Pilze gut schmecken. Die Pilzbrut kann zusammen mit geeigneter Erde gekauft und dann im Kasten ausgebracht werden. Wenn die Erde regelmäßig gewässert wird, steht einem guten Pilzwachstum nichts mehr im Wege. Geeignete Pilze hierfür sind beispielsweise Champignons und Braunkappen. Es kommen einige Erntewellen im Jahr und die Kinder können viele Monate lang Pilze ernten.

  Für diese Forscherecke eignet sich auch ein mit Pilzen durchwachsener Strohballen. Er ist ebenfalls im Handel erhältlich und braucht eine schattige Ecke sowie Feuchtigkeit, damit die Pilze gedeihen.
- Eine **Kräuterspirale** bietet vielen Pflanzen und Tieren Lebensraum. Sie braucht einen sonnigen Standort. Am besten werden kalkhaltige Natursteine verwendet, da viele Kräuter kalkhaltige und magere Böden bevorzugen. Der Kalkgehalt des Bodens lässt sich noch durch die Zugabe von Eierschalen erhöhen; nährstoffreiche Gartenerde wird vor der Verwendung mit Sand gemischt. Im oberen Bereich der Kräuterspirale werden Pflanzen angesiedelt, die Wärme und einen trockenen, mageren Boden lieben. Empfehlenswert sind Lavendel, Mauerpfeffer, Rosmarin und Thymian. Für den mittleren Bereich der Kräuterspirale eignen sich Kräuter mit einem höheren Nährstoff- und Wasserbedarf wie Boh-

nenkraut, Majoran und Ysop. Im unteren Bereich wachsen Brunnenkresse, Melisse, Petersilie, Pimpinelle, Salbei und Schnittlauch. Dort wird dann humusreiche Erde benötigt. Die blühenden Kräuter locken viele Insekten an und ihr Duft begeistert auch die Kinder. In ihrer Forscherecke im Innenraum können sie aus ihren Lieblingsdüften ein eigenes Kräuterparfum gewinnen. Wenn ein Kind erkältet ist, können Salbei, Thymian und Kamille zum Einsatz kommen und ihre ätherischen Öle in einem Tee entfalten.

- In einem kleinen Beet können die Kinder **Färberpflanzen** wie Färberkamille und Färberdistel anpflanzen. Die Blütenkörbchen der Färberdistel werden zum Gelbfärben von Textilien oder Papier verwendet, jung lassen sie sich als Gemüse zubereiten. Die Blütenkörbchen der Färberkamille wurden früher zur Gelbfärbung von Wolle verwendet. Mit Birkenrinde oder grünen Walnussschalen erzielt man Brauntöne. Grüne Walnussschalen haben direktziehende Farben. Wenn die Farben durch Zerschneiden, Einweichen und Kochen in das Wasser übergegangen sind, lässt man den Sud abkühlen und siebt ihn ab. Die Textilien werden dazugegeben. Die Farben können sich dann sofort mit der Faser verbinden.
- Ein **Hochbeet** (→ Abb. 2.4) lockt durch seine Mischkultur viele Insekten an. Es hat ein besonders reichhaltiges Bodenleben, da viel Komposterde eingearbeitet werden muss. Es benötigt eine Umrandung aus Holz (ca. 50 cm). Auf den Boden werden Holzschnitt und Reisig aufgeschichtet, darüber kommen halb verrotteter Kompost, organische Küchenabfälle, Rasenschnitt und Laub. Als Deckschicht benutzt man Gartenerde mit Kompost gemischt. Nun kann ausgesät werden. Bei Trockenheit ist tägliches Gießen wichtig, da das Hochbeet relativ wasserdurchlässig ist. Karotten, Kartoffeln, Radieschen,

Abb. 2.4: Ein Hochbeet bietet auf kleinem Raum viel Platz zum Gärtnern

Rotkohl und Weißkohl sind geeignete Pflanzen, ebenso Salatsetzlinge sowie Kürbisse, da die Erde einen hohen Nährstoffgehalt hat. Aufgrund der erhöhten Lage können die Kinder leicht Bodenproben nehmen und einen Eindruck von der Vielfalt der Bodenlebewesen erhalten.

- Eine **Wildstrauchhecke** ist bei Kindern und Tieren beliebt. Die Vogelbeere (Eberesche) ist eine begehrte Futterquelle für Vögel. Auch wenn sich hartnäckig das Gerücht hält, die Früchte seien giftig, so ist dies nicht richtig. Die Beeren enthalten allerdings eine Säure, die zu Magenproblemen führen kann. Durch Kochen wird sie in eine gut verträgliche Säure abgebaut und so kann aus den Beeren Marmelade hergestellt werden. Auch die Früchte des Weißdorns sind bei Vögeln sehr beliebt. An der Schlehe laben sich über 100 Insektenarten. Auch die duftenden Blüten des schwarzen Holunders locken viele Insekten an. Seine Beeren eignen sich ebenfalls zum Marmeladekochen. Aus den Zweigen lassen sich Pfeifen schnitzen. Der Haselstrauch liefert im Herbst Haselnüsse. Kinder legen gerne Schleichpfade und ihre Rückzugsplätze in den Hecken an. Für die Neupflanzung einer Wildstrauchhecke eignen sich schon ältere und damit robustere Sträucher am besten. Pflanzzeiten liegen im Frühjahr oder im Herbst.
- Eine **Schmetterlingswiese**, die im Frühjahr mit den Kindern eingesät wird, sorgt dafür, dass die Schmetterlinge genug Nahrung finden. Wichtige Schmetterlingsfutterpflanzen sind Flockenblumen, Kamille, Klee, Malven, Margeriten, Majoran und Sonnenhut. Diese Pflanzen mögen magere Böden. Deshalb ist es günstig, Sand und Kies in die Bodenoberfläche einzuarbeiten. Ein Schmetterlingsstrauch (Sommerflieder) zieht viele Schmetterlinge aus der Umgebung an. Auch Brennnesseln, die in den Randbereichen des Gartens wachsen dürfen, sind beliebte Futterpflanzen für die Raupen vieler Schmetterlingsarten. Mit einem Bestimmungsbuch für Schmetterlinge und Raupen können die Kinder dann erkennen, welche Raupen sie gesammelt haben. Im April legen viele Schmetterlinge ihre Eier unter einem Brennnesselblatt ab. Dort werden die Kinder am besten fündig. Einige Raupen lassen sich in einem Schmetterlingsterrarium (→ Kap. 2.2) bis zu ihrer Verwandlung in Schmetterlinge beobachten. Neben den Schmetterlingen werden sich auch viele Käfer, Schwebefliegen und Wildbienen einfinden, die den Kindern einen Eindruck von der Artenvielfalt in der Natur vermitteln.
- Ein **Wildbienenkasten** mit Glasröhrchen (→ Abb. 2.5) aus dem Fachhandel gibt den Kindern die Möglichkeit, die Entwicklung von der Larve bis zur Wildbiene zu be-

Abb. 2.5: Wildbienenkasten mit Röhrchen

obachten. In der Holztür befinden sich Bohrungen als Eingang für die Wildbienen. In den Bohrungen sind Plexiglasröhrchen angebracht, die mit Schaumstoffpfropfen verschlossen sind. Diese dienen den Wildbienen als Brutkammern, in denen sich der Nachwuchs entwickelt. Der Wildbienenkasten wird im Außenbereich Richtung Südosten an einer regengeschützten und warmen Stelle am Haus oder an einem Schuppen aufgehängt. Neben den Wildbienen werden auch Schlupfwespen den Kasten besiedeln. (Bezugsquellen im Anhang)

- Ein **Ameisenstein** wird im Gartenboden eingegraben und dient Ameisen als Besiedlungsfläche. Wenn die Abdeckung entfernt wird, können die Ameisen unter der Glasscheibe beobachtet werden. (Bezugsquelle im Anhang)

2.2 Forscherecken im Innenraum

In **Forscherecken** im **Innenraum** können Kinder einfache naturwissenschaftliche Experimente durchführen und eigene Erfahrungen mit den Materialien sammeln. Durch vielfältige Versuche lernen sie so ganz direkt die Welt der Naturwissenschaften kennen. Sie konstruieren ihr eigenes Weltbild und verschieben seine Grenzen immer weiter nach außen. Ihre praktischen Erfahrungen helfen dabei, das Erlernte zu verinnerlichen.

Raumgestaltung und Grundausstattung

Damit ein gutes Forschermilieu entsteht, braucht es eine entsprechende **Raumgestaltung** sowie die entsprechende **Grundausstattung.** Wie jeder Forscher möchten Kinder die Arbeitsmaterialien frei auswählen, um ihren Fragen nachgehen zu können. Eine strukturierte und anregende Gestaltung unterstützt sie dabei. Folgende Maßnahmen begünstigen ein gutes Forschermilieu:

- Forscherecken befinden sich in ruhigen Zonen des Kindergartens, damit ein möglichst ungestörtes Forschen gewährleistet ist.
- Die Präsentation der Materialien für die Kinder ist von großer Bedeutung. Sie erleichtert den Kindern den Zugang, gibt Impulse und regt zum Forschen an. Die Materialien sollen in Sichthöhe der Kinder platziert werden, damit sie sich einen guten Überblick über die Forscherecken verschaffen können.
- Forscherecken können je nach den räumlichen Möglichkeiten Teilbereich eines Raumes sein, fest installiert oder auf einen Wagen aufgebaut werden.
- Forscherecken weiten sich manchmal im Laufe der Zeit zu einem Forscherraum aus, der eine größere Vielfalt bietet.

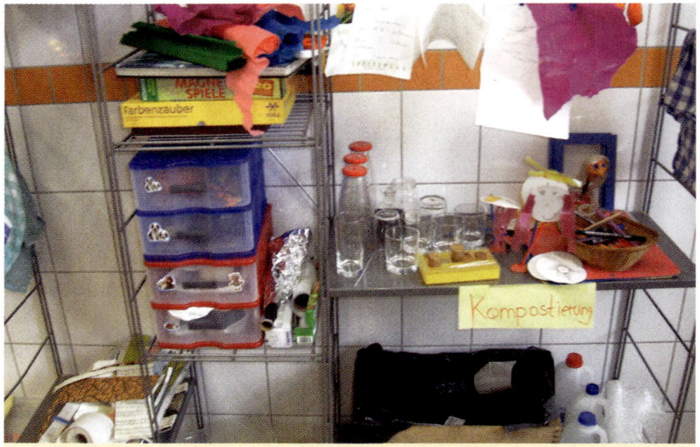

Abb. 2.6: Forscherecke im Kindergarten

Forscherecken sollen so ausgestattet sein, dass sie eine Vielzahl von Experimenten ermöglichen und der Reinigungsaufwand gering ist.

- Bodenbelag, der leicht zu säubern ist, z. B. Linoleum oder Fliesen
- Ein Wasserhahn in der Nähe ist ideal
- Wachsdecken zum Schutz der Tische
- Offene Rollschränke für die Arbeitsmaterialien
- Farbstifte, Scheren und Papier, damit die Kinder ein Experiment dokumentieren können
- Lappen, falls etwas verschüttet wird

- Plastikschüsseln, um Dinge zu transportieren
- Behälter, um Dinge aufzubewahren oder Sammlungen anzulegen.

Sicherheitsregeln

Selbstständiges Forschen kann auch Gefahren in sich bergen, deshalb ist es sinnvoll, gemeinsam mit den Kindern „Forscherregeln" zu erarbeiten und zu besprechen. Die Regeln können als Plakat in der Forscherecke aufgehängt werden. Für Kinder eignen sich Symbole für Verbote und Gebote; neben den Symbolen stehen die Sicherheitsregeln für die Erzieherinnen auch in Schriftform. Bei den Eltern der Forscherkinder werden mögliche Allergien erfragt. Folgende **Sicherheitsregeln** haben sich in der Praxis bewährt:

- Im Experimentierbereich darf ich nicht essen oder trinken, weil ich aus Versehen auch vom Forschungsmaterial essen könnte.
- Mit Feuer oder heißen Gegenständen darf ich nur mit der Erzieherin experimentieren, weil ich mich verbrennen könnte.
- Die Materialien darf ich nur zum Forschen verwenden. Ich darf sie nicht in den Spielbereich mitnehmen, sondern nur in der Forscherecke benutzen, weil sie leicht kaputt gehen können.
- Nach dem Arbeiten mit chemischen Stoffen muss ich mir die Hände waschen, weil sie sonst aus Versehen in die Augen oder an die Kleidung geraten können.
- Mit Linsen, Lupen und Ferngläsern darf ich nie in die Sonne schauen, weil das meine Augen schädigt.
- Chemische Stoffe müssen in den Originalverpackungen aufbewahrt werden, weil ich sie sonst leicht verwechseln kann; ich darf sie nur mit der Erzieherin zusammen benutzen.

2.2.1 Biologische Themen

Biologische Themen sprechen Kinder besonders stark an. Die Verzahnung mit den Forscherecken auf dem Außengelände ist hier am engsten. Kinder und Erzieherinnen können bei ihren Aktivitäten in den Forscherecken viel über ökologische Zusammenhänge lernen. Viele Insekten lassen sich beispielsweise in Terrarien halten. Die Verwandlung einer Raupe in einen Schmetterling mitzuerleben, hat für die Kinder eine große Faszination. (Begleitende und weiterführende Experimente → Kap. 3.6, 3.7 und 3.8)

Materialien

Technische Materialien

Für Beobachtungen und Forschungsaktivitäten im Innenraum ist eine gute Materialausstattung besonders wichtig, da sie den Kindern eine Vielzahl interessanter Forscherprojekte ermöglicht. Einige der **technischen Materialien** wie Pflanzenpressen oder Sammelkästen können im Kindergarten selbst gebaut werden.

- Becherlupen, um gefangene Insekten zu vergrößern
- Ferngläser, um Vögel und andere Tiere zu beobachten
- Lampen, am Fenster aufgestellt, um Nachtfalter anzulocken
- Lupen in verschiedenen Größen und mit verschiedenen Vergrößerungen
- Lupendosen, um gefangene Insekten zu betrachten
- Mikroskope, um die Welt im Kleinen sichtbar zu machen
- Mikropräparate, z. B. ein Querschnitt durch ein Blatt, um Strukturen von Pflanzen unter dem Mikroskop zu beobachten
- Pflanzenpressen, um eine Pflanzensammlung aufzubauen
- Pflanztöpfe, um das Wachstum verschiedener Pflanzen zu beobachten

Abb. 2.7: Lupen gehören in jede Forscherecke

- Pinzetten in verschiedenen Größen
- Aquarien, um Wasserlebewesen und deren Entwicklung kennenzulernen
- Sammelkästen
- Terrarien, um die Zersetzung von Blättern und Holz verfolgen zu können und kleine Tiere unter naturnahen Bedingungen zu beobachten.

Naturmaterialien

Naturmaterialien geben Kindern und Erzieherinnen einen Einblick in die Vielfalt der Strukturen und Organismen in der Natur.

- Fruchtstände wie Zapfen von Kiefern und Tannen
- Gehäuse von Schnecken
- Häute von Insekten
- Holz von verschiedenen Bäumen
- Muscheln
- Nüsse
- Erde

Abb. 2.8: Naturmaterialien

- Pflanzen in Töpfen oder getrocknet als Herbarium
- Samen, um deren Vielfalt zu bestaunen und etwas über die Verbreitung von Pflanzen zu lernen
- Vogelfedern.

Projektideen

- In einem Herbarium *(Sammlung getrockneter und gepresster Pflanzen)* können Kinder **Blätter** und **Blüten vergleichen** und lernen den Blick für das Detail. Das Sammeln der Pflanzen erfordert Sorgfalt. Die Kinder lernen, dass sie nur einen Teil der Pflanzen mit einer oder zwei Blüten abschneiden dürfen, damit sich die Pflanze weiter entwickeln kann. Die Kinder pressen die Pflanzen gleich nach dem Sammeln mit einer Pflanzenpresse bzw. in einem Stapel Papier unter dicken Büchern für einige Tage und kleben sie anschließend in ein Album.

- Pflanzensamen erzählen Kindern viel über die **Verbreitung** von **Pflanzen.** Sie erkennen unter anderem, wie Flugsamen optimal für die Verbreitung durch den Wind konstruiert sind und mit dem Wind auf langen Flugreisen in der Landschaft verteilt werden. Ahornsamen beispielsweise bewegen sich wie kleine Propeller durch die Luft, Distelsamen haben viele Seidenhaare und bieten dadurch dem Wind eine große Tragefläche. Bei Keimversuchen entdecken die Kinder, dass manche Samen Licht zum Keimen brauchen und andere Dunkelkeimer sind.

- In einem Schmetterlingsterrarium können die Kinder den **Lebenszyklus** von **Schmetterlingen** beobachten. Günstige Maße sind 60 cm Höhe x 40 cm Breite x 40 cm Tiefe. Zwei Seiten werden mit Fliegengaze bespannt, damit genug Luft in den Kasten kommt. Die dritte Seite besteht aus einer Holztür, die vierte aus Glas. Das Bodenholz wird mit Küchenpapier bedeckt, um täglich den Kot der Raupen entfernen zu können. Der Kasten steht an einem hellen, nicht sonnigen Platz. Die Raupen erhalten, je nach Fressverhalten, täglich oder alle zwei bis drei Tage frische Brennnesseln. Die Kinder können die Brennnesseln in Begleitung der Erzieherin abschneiden (Handschuhe benutzen) und in ein Wasserglas in das Terrarium stellen. Damit die Raupen beim Fressen nicht ins Wasser fallen, ist ein Glas mit Metalldeckel ideal, dann können die Stängel durch Löcher im Deckel gesteckt werden.

  Die jungen Raupen dürfen nicht angefasst werden, da ihre Haut noch sehr empfindlich ist. Falls Raupen auf den Boden fallen, können sie mit einem Pinsel wieder auf das Blatt gehoben werden. Die Kinder können mehrere Häutungen der Raupen beobachten. Nach drei bis vier Monaten, oftmals im Juni, verpuppen sie sich und hängen etwa 14 Tage unbeweglich an einem Holz oder Stängel, bis sich die Puppen öffnen und der Schmetterling langsam seine Flügel ausbreitet. Leicht zu halten sind beispielsweise die Raupen des Tagpfauenauges und des Kleinen Fuchses. Sie leben in Gespinsten auf den Brennnesseln.

Abb. 2.9: Raupe eines Schwalbenschwanzes

- Die **Lebensbedingungen** von **Regenwürmern** können Kinder mit Hilfe von Regenwurmkästen beobachten. Sie können gekauft, aber auch leicht selbst gebaut werden. Zwei Kanthölzer dienen als äußerer Rahmen und werden mit zwei Plexiglasscheiben verschraubt. Ein passendes Bodenholz schließt den unteren Bereich ab. Günstige

Maße sind 50 cm Höhe x 40 cm Breite x 10 cm Tiefe. Die Scheiben müssen mit einem schwarzen Karton oder Tuch bedeckt werden, da Regenwürmer das Licht meiden. Verschiedene Bodenmaterialien werden schichtweise in den Kasten gegeben und leicht angefeuchtet. Versuche mit Sand, Gartenerde oder Lehm zeigen den Kindern, wo sich der Regenwurm am häufigsten aufhält und welche Bereiche er meidet. Die Kinder suchen zwei bis vier Regenwürmer im Komposthaufen und setzen sie in den Regenwurmkasten. Am nächsten Tag können sie mit der Beobachtung beginnen. Die Regenwürmer werden mit organischen Materialien wie welken Blättern gefüttert – auf die Erdoberfläche gelegt, zieht sie der Regenwurm in sein Gangsystem. Die Kinder sehen, wie eine Vielzahl von Gängen entsteht. Sie erkennen, wie wichtig der Regenwurm für die Bodenbildung und eine fruchtbare Bodenstruktur ist. Samen von schnell wachsenden Pflanzen wie Senf und Klee erweitern den Beobachtungsraum um eine weitere interessante Komponente: Kinder können das Pflanzenwachstum auf und unter der Erde beobachten. Nach einer Woche sollten die Regenwürmer wieder in den Komposthaufen zurückkehren.

- Ein Kaltwasseraquarium bietet einen Einblick in die **Entwicklung** von **Wassertieren** und **-pflanzen.** Geeignet ist ein 60- bis 80-Liter-Aquarium. Auf den Aquariumsboden kommt gewaschener feiner Kies. Einige größere Steine bieten den Wasserbewohnern Versteckmöglichkeiten. Eine Teichmuschel, die im Aquarium lebt, filtert das Wasser. Wasserpflanzen aus einem Gartenteich und das Teichwasser selbst enthalten oftmals kleine Wasserkäfer, Wasserflöhe und andere Tiere. Wasserpflanzen wie Hornblatt oder Wasserfeder können auch im Zoohandel gekauft werden. Es ist günstig, das Aquarium an einem hellen, aber nicht sonnigen Platz aufzustellen. Wasserproben lassen sich gemeinsam mit der Erzieherin unter dem Mikroskop untersuchen. Eine Vielzahl von kleinen Wassertieren wie Wasserflöhe und Hüpferlinge

Abb. 2.10: Kinder befüllen einen Regenwurmbeobachtungskasten

sind zu erkennen. Bei stärkerer Vergrößerung lassen sich Einzeller und Algen ausmachen. Gemeinsam werden Bestimmungsbücher studiert und die Kinder versuchen herauszufinden, um welche Tiere oder Pflanzen es sich handelt.

- Mit Hilfe eines Schneckenterrariums erforschen Kinder selbsttätig die **Lebensbedingungen** von **Schnecken.** Kinder sammeln gerne Schnecken und beobachten sie. Feuchtes Wetter ist ideal zum Sammeln. Wenn sie die Schnecken in die Hand nehmen, halten sie sie am besten am Fuß, weil das Gehäuse bei zu fester Berührung leicht zerbrechen kann. Für ein Schneckenterrarium eignet sich ein Aquarium mit 40–60 Litern Fassungsvermögen. Da Schnecken ohne Probleme die Glaswände überwinden können, muss es mit Gaze abgedeckt werden. Der Boden des Terrariums wird mit Kies, Gartenboden, einigen Pflanzen, etwas Gras, Moos, Laub, Zweigen zum Klettern, Steinen und Holzstücken zum Verstecken bedeckt. Da es die Schnecken gerne feucht haben, benetzen die Kinder den Innenraum des Terrariums regelmäßig mit einem Wasserzerstäuber. Das Terrarium braucht einen schattigen Platz, da Schnecken keine direkte Sonnenbestrahlung mögen. Die Kinder lernen, für die Schnecken die Verantwortung zu übernehmen. Dazu gehört auch eine regelmäßige Fütterung mit Salat, Gurken- und Apfelstückchen. Die Kinder können auch im Außengelände beobachten, an welchen Pflanzen die Schnecken fressen und diese Pflanzen ins Terrarium geben. Wichtig ist auch eine regelmäßige Reinigung. Der Kot der Schnecken muss täglich entfernt werden. Im Juni und Juli können die Kinder die Paarung der Schnecken beobachten. Nach einigen Wochen Beobachtungszeit werden sie wieder im Garten ausgesetzt. Ab Oktober beginnen die Schnecken sich einen Ort für die Winterruhe zu suchen. Sie ziehen sich in ihr Gehäuse zurück und schließen das Gehäuse mit mehreren Deckeln, um sich vor der Kälte zu schützen.

2.2.2 Chemische Themen

Chemische Themen ermöglichen es den Kindern, sich mit einer Vielzahl von Phänomenen der unbelebten Natur auseinanderzusetzen. Das auf der Zunge schäumende Brausepulver oder die Gewinnung von Duftstoffen aus Kräutern beruht auf chemischen Reaktionen und begeistert viele Kinder. Der Alltag im Kindergarten bietet viele Ansatzpunkte für Kinder, selbsttätig chemischen Fragestellungen nachzugehen. Die Oberflächenspannung des Wassers bietet beispielsweise eine Vielzahl an Experimentiermöglichkeiten und brennende Kerzen sind einen gutes

Beispiel dafür, wie ein fester Stoff erst flüssig und dann gasförmig wird. (Begleitende und weiterführende Experimente → Kap. 3.2 und 3.3.1)

Materialien

Technische Materialien

Für das Experimentieren auf dem Gebiet der Chemie sind viele **Materialien** notwendig, um chemische Reaktionen messbar und sichtbar zu machen. Mit folgenden Materialien können Kinder und Erzieherinnen einen Einblick in die Welt der Chemie gewinnen:

- Bechergläser
- Filterpapier, um aus trübem Wasser klares Wasser zu gewinnen
- Messbecher
- Mörser zum Zerkleinern von anorganischen Substanzen
- Papier, um Experimente mit Farben durchzuführen
- Petrischalen
- Pipetten, um Lösungen tropfenweise zuzugeben
- Plastikhandschuhe
- Reagenzgläser, um Substanzen in Wasser zu lösen
- Rundfilter zur Auftrennung der Farben eines schwarzen Filzstiftes

Abb. 2.11: Kinder lernen Pipetten kennen

- Teelöffel, um Substanzen in Wasser aufzulösen
- Trichter
- Watte.

Chemische Materialien

Viele grundlegende chemische Reaktionen lassen sich mit alltäglichen **chemischen Materialien** kennenlernen. Doch auch bei Materialien aus dem Alltag müssen Sicherheitshinweise eingehalten werden: Chemische Stoffe müssen in den Originalverpackungen aufbewahrt werden. Mit ihnen wird nur unter Aufsicht einer Erzieherin experimentiert. Ätzende, reizende oder giftige Chemikalien wie konzentrierte Essigsäure werden in den Forscherecken nicht verwendet. Mit folgenden Materialien können Kinder experimentieren:

- Backpulver, um die Gasproduktion bei Wasserzugabe zu beobachten
- Essig, um in einem sauren Milieu Stoffe wie Kalk aufzulösen
- Gelatine, um den Übergang eines Stoffes vom flüssigen zum festen Zustand zu beobachten
- Farbpulver, um verschiedene Farbgemische zu betrachten oder Farben in Wasser aufzulösen
- Lebensmittelfarben zum Einfärben von Flüssigkeiten
- Indikatorpapier, um zu bestimmen, welche Stoffe basisch und welche sauer reagieren
- Mehl, um zu beobachten, wie aus Pulver eine feste Masse entsteht
- Seifenblasenlösung, um die Spektralfarben zu beobachten
- Speiseöl, um zu überprüfen, ob es sich mit Wasser mischt, und zu prüfen, was sich eher in Wasser und was sich eher in Öl löst
- Spülmittel, um schwimmende Büroklammern sinken zu lassen
- Tinte in verschiedenen Farben, um Farbstrukturen im Wasserglas zu beobachten
- Zucker und Salz, um zu lernen, was sich in Wasser löst und wie man z. B. von einer Salzlösung zu Salzkristallen kommt.

Projektideen

Wasser in der Forscherecke hat eine besondere Anziehungskraft und ist gut geeignet, einfache chemische Experimente durchführen.

- Mit Hilfe von Wasserschüsseln können Kinder die **Oberflächenspannung** des Wassers kennenlernen. Die Kinder können z. B. erproben, was passiert, wenn sie dem Wasser Spülmittel zugeben, und ob Gegenstände wie eine Büroklammer dann schwimmen oder untergehen (→ Kap. 3.2.1 und 3.2.2).

- Sie können die **Wasserlöslichkeit** von Substanzen erproben, z. B. von Zucker und Salz. Sie lernen, dass Lösungen nach einer bestimmten Mengenzugabe gesättigt sind. Es bildet sich dann ein kleiner Bodensatz.

- Bei der **Kristallisation** lernen Kinder die Struktur von Kristallen kennen. In Wasser gelöste Stoffe werden

Abb. 2.12: Kinder experimentieren mit Spülmittel und Wasser

durch Verdunstung wieder sichtbar. Hängt ein Faden in einer gesättigten Zucker- oder Salzlösung und steht diese an einem warmen Ort, so bilden sich nach ein bis zwei Wochen Kristalle am Faden. Die Kinder sehen, wie unter verschiedenen Umweltbedingungen, z. B. Sonneneinstrahlung, schattiger Platz, Stoffe unterschiedliche Aggregatzustände einnehmen.

- Die Kinder können ausprobieren, wie sich Wasser und Erde miteinander verhalten. Sie können ausprobieren, welche Bodenart am meisten Wasser speichern kann und wie das Wasser durch den Boden gereinigt wird (→ Kap. 3.6).
- Mit etwas Seifenlösung verwandeln Kinder das Wasser in einen Seifenblasenberg. Hier erkennen sie beispielsweise, wie geringe Mengen einer Substanz große Wirkungen hervorrufen können.
- Wasser bietet auch zum Thema Luft einige Experimentiermöglichkeiten: Kinder können die Luft sichtbar machen, indem sie ein luftgefülltes Glas in einer mit Wasser gefüllten Schüssel langsam umdrehen. Im Mineralwasser können sie den Auftrieb von Rosinen beobachten und das Entweichen der leichten **Gasbläschen** in die Luft.

2.2.3 Mathematische Themen

Kinder beschäftigen sich gerne mit **mathematischen Themen.** Sie zählen und vergleichen, sammeln und ordnen Gegenstände nach Größe, Farbe und Form. Diesem Interesse können sie in mathematischen Forscherecken nachgehen: Auch die Strukturen und Muster in der Natur bieten den Zugang zur Mathematik. In der Symmetrie einer Blüte oder perfekt wiederholten Struktur einer Bienenwabe erkennen die Kinder mathematische Regelmäßigkeiten (Begleitende Experimente → Kap. 3.3.3).

Materialien

Eine Vielzahl von Materialien regt Kinder zu mathematischen Grunderfahrungen an:

- Bausteine, um Türme und Pyramiden zu bauen
- Geometrische Körper wie Dreiecke, Kugeln, Rechtecke, Quadrate, die zu neuen geometrischen Formen kombiniert werden
- Knetmasse, um geometrische Körper oder Zahlen selbst zu formen
- Sammlungen von Muscheln, Geldstücken, Knöpfen, Samen, Steinen, Muscheln, die sortiert, gezählt und klassifiziert werden können
- Stifte, Papier und Scheren, mit denen geometrische Formen selbst hergestellt und ausgeschnitten werden
- Würfel, um eine Anzahl optisch zu erfassen und einfache Rechenaufgaben zu lösen.

Projektideen

- Naturmaterialien eignen sich gut für **mathematische Grunderfahrungen.** Bei Exkursionen sammeln die Kinder Blätter, Steine, Holzstücke, Schneckenhäuser und Samen. Im Kindergarten vergleichen sie Größe, Gewicht und Form, sie können die Gegenstände zählen oder mit ihnen Muster und geometrische Formen legen. Die Kinder lernen, auf Details zu achten, Unterschiede zu erkennen, Gleiches wahrzunehmen und die Dinge zu benennen.
- Mit Spiegeln lassen sich immer neue **geometrische Formen** darstellen. Zwei rechteckige Handspiegel werden mit Tesafilm zusammengeklebt. Man erhält einen klappbaren Spiegel wie ein Buch. Nun zeichnen die Kinder auf ein DIN-A4-Blatt Linien und Formen mit verschiedenen Farben und stellen ihren Spiegel darauf. Je weiter sie den Spiegel öffnen, desto mehr Formen entstehen.

2.2.4 Physikalische Themen

Physikalische Themen und Fragestellungen ergeben sich aus vielen Alltagsbeispielen: Die Kinder sehen im Sommer beim Spritzen mit einem Wasserschlauch die Regenbogenfarben; wenn sie die Rutsche heruntersausen, spüren sie die Reibungskraft, die sie etwas abbremst oder sie bemerken, dass ihnen im Sonnenschein ein Schatten folgt. Beim Spiel mit einem Spiegel können sie Grundlagen der Optik entdecken und der vibrierende Gong macht die Tonschwingung sichtbar (Begleitende und weiterführende Experimente → Kap. 3.1, 3.3, 3.4 und 3.5). Ein weiterer großer Themenbereich sind die physikalischen Größen wie Gewicht, Maß und Raum.

Materialien

Technische Materialien

Mit Hilfe der folgenden **technischen Materialien** können Kinder auf spielerische Weise physikalische Größen wie Gewicht, Maß und Raum erkennen. Mit Waagen und Gewichten vergleichen sie z. B. verschiedene Gegenstände und beobachten, dass manchmal kleinere Gegenstände mehr wiegen als große. Durch die Gewichte lernen sie überdies Maßeinheiten kennen.

- Durchsichtige Schüsseln, Gefäße und Gläser, um mit Volumina zu experimentieren
- Lineale, Metermaße und Maßstäbe, um Größen zu ermitteln
- Messbecher
- Siebe, um Teilchen zu trennen
- Strohhalme, um die Luft oder den Auftrieb sichtbar zu machen
- Waagen und Gewichte
- Gummibänder.

Materialien zur Darstellung physikalischer Phänomene

Materialien zur **Darstellung** von **physikalischen Phänomenen** sind bei Kindern sehr beliebt. Sie experimentieren ausgiebig mit Luftballons und Magnetstäben und machen sich dadurch mit physikalischen Grundphänomenen vertraut. Die folgenden Materialien bieten den Kindern vielfältige Erfahrungen mit der Welt der Physik:

- Luftpumpen und Luftballons, um die Antriebskraft der Luft zu beobachten, wenn der aufgepumpte Luftballon durch den Raum saust
- Linsen, um zu vergrößern oder zu verkleinern
- Magnete, Magnetstäbe, Magnetkugeln, die die Kräfte der Anziehung und Abstoßung verdeutlichen
- Metalle, um zu prüfen, welche durch Magneten angezogen werden
- Musikinstrumente für akustische Erlebnisse
- Parabolspiegel, um die Sprache und das Licht zu lenken
- Prismen, um die verschiedenen Farben des Lichtes zu entdecken
- Schiefe Ebenen, um Dinge in Bewegung zu bringen
- Spiegel für optische Erfahrungen
- Stimmgabeln, um Töne hörbar schwingen zu lassen
- Sanduhren und Stoppuhren, um die Zeit zu beobachten
- Taschenlampen, um Licht und Schatten darzustellen

Projektideen

- Die **Schwerkraft** erforschen Kinder bereits als Einjährige, indem sie Gegenstände fallenlassen und ihren Weg zum Boden beobachten. Entsprechend fasziniert sind sie im Kindergartenalter vom Fliegenkönnen und interessieren sich für die technischen Voraussetzungen, die ein Gegenstand erfüllen muss, damit er fliegen kann. Luftballons, Luftpumpen, Papier- und Styroporflieger bieten sich an, um dieses physikalische Phänomen zu erforschen, ebenso selbst hergestellte Fallschirme. Kinder können damit verschiedene Experimente zur Geschwindigkeit des Fallens, der Bedeutung des Gewichtes und zur Wirkung eines Fallschirmes machen. Sie erfahren, dass sich unter dem Fallschirm Luft sammelt, sich der Luftdruck erhöht und sich dadurch die Fallgeschwindigkeit verringert.

- Die physikalische Kraft der **Reibung** können Kinder beispielsweise auf schiefen Ebenen aus Holz und Plastik erforschen. Dort können sie selbst rutschen oder Gegenstände nach unten rollen lassen. Die Kinder beobachten, dass die Reibung sie beim Rutschen verlangsamt.

- Spiegel in Forscherecken eignen sich gut zur Erforschung **optischer Phänomene.** Ideal sind Spiegel in verschiedenen Größen. Die Kinder beobachten, dass der Spiegel Schriftzeichen seitenverkehrt zeigt, dass Dinge, die die Kinder zwischen zwei Spiegeln aufstellen, vielfach gespiegelt und nach vielen Spiegelungen immer kleiner und dunkler werden. Mit einem Spiegel und einer Schale Wasser können sie das Farbspektrum des Lichtes an der Wand sichtbar machen.

Abb. 2.13: Mit einem Papierflieger lassen sich Flugeigenschaften erproben

- Eine Forscherecke zum Thema **Volumen** lässt sich sehr einfach einrichten mit Hilfe von Wasser sowie Gläsern und anderen Gefäßen mit verschiedener Höhe und unterschiedlichem Umfang. Kinder entdecken durch Umschütten des Wassers, welche Gefäße mehr Rauminhalt haben. Sie erkennen, dass ein hohes und schmales Gefäß nicht mehr Volumen hat als ein kleines Gefäß mit großem Durchmesser. Sie können messen, wie viel Gläser Wasser in ein Gefäß gefüllt werden können und die Menge mithilfe eines Messbechers überprüfen.

- Mit dem Phänomen des **Magnetismus** (→ Abb. 2.14) lassen sich besonders leicht Versuche machen: Wenn sich die Kinder mit einem Magnetstab dem gleichen Pol eines anderen Magnetstabes nähern, wird dieser zurückweichen, ohne von dem anderen Magnetstab berührt zu werden. Mit Büroklammern, Münzen, verschiedenen Metallen, Gegenständen aus Holz und Plastik lassen sich die magnetische Anziehungskraft und ihre Stärke untersuchen. Die Kinder erproben, ob diese auch durch andere Gegenstände hindurch wirksam ist. Mit Magnetstäben können sie Gegenstände aus Eisen magnetisieren und selbst zu Magneten werden lassen.
- Für die Erforschung von **akustischen Phänomenen** eignen sich alle Gegenstände, die sich in Schwingung versetzen und Töne entstehen lassen. Kinder können die Verbindung von Schwingung und Ton z. B. durch Experimente mit Stimmgabeln sichtbar machen. Wenn sie die Stimmgabel mit den Fingern berühren, spüren sie die Schwingung. Die Schwingung wird also auf einen anderen Körper übertragen. Ein Gong macht viele Töne und Obertöne hörbar. Die Kinder spüren, dass bei Berührung des Gongs Schwingung und Ton schwächer werden. Mit Tonhöhen lässt sich auch mittels wassergefüllter Flaschen experimentieren. Verschiedene Füllmengen erzeugen hohe und tiefe Töne.

Abb. 2.14: Die Stärke der magnetischen Anziehungskraft zeigt sich in der Länge der Münzkette

2.3 Präsentation und Dokumentation

Für die Kinder und Erzieherinnen ist die **Dokumentation** der Forscherarbeit von großer Bedeutung. Die **Präsentation** der Forscheraktivitäten zeigt ihre Bedeutung und Wertschätzung und hilft, die Ergebnisse auch den nicht direkt beteiligten Kindern, Erzieherinnen und Eltern zu vermitteln.

Die Dokumentation hilft überdies Erzieherinnen bei der späteren Analyse. Kinder sind stolz auf sich, wenn z. B. ein Forschertagebuch ihre Aktivitäten festhält. Sie können damit ihre eigenen Fragestellungen und Forschungsschritte nachvollziehen und werden sich ihrer Lernschritte bewusst. Es bieten sich folgende Möglichkeiten der Präsentation und Dokumentation an:

- Die Kinder halten ihre Erfahrungen in der Forscherecke in selbst gemalten Bildern fest.
- Kinder und Erzieherinnen dokumentieren die Aktivitäten fotografisch.
- Für die Forscherecken gibt es eine eigene Präsentationswand oder -ecke z. B. im Foyer, wo sie auch Eltern zugänglich ist.
- Die Erzieherinnen führen mit den Kindern ein Forschertagebuch. Es enthält alle Forscherthemen des Kindes in Schrift und Bild.
- Die Eltern werden durch regelmäßige Gespräche mit den Erzieherinnen in das Forscherprojekt einbezogen. Sie bringen ihre Erfahrungen über die Forscheraktivitäten ihrer Kinder zu Hause in die Dokumentation ein.

Abb. 2.15: Livia hat ihren Versuch „Luftballonrakete“ dokumentiert

3. Naturwissenschaftliche und ökologische Experimente

Naturwissenschaftliche Lernangebote schaffen eine Basis, auf der Kinder sich ihr Wissen über die Welt aneignen können. Doch mit **naturwissenschaftlichen** und **ökologischen Experimenten** erwerben Kinder nicht nur ein Grundwissen in den jeweiligen Bereichen. Vielmehr bieten in Kleingruppen angebotene Experimente eine vielfältige Anregung, um selbst in den Forscherecken des Kindergartens aktiv zu werden, Experimente selbstständig zu wiederholen oder fortzuführen und gänzlich Neues zu erfinden. Wie beim Materialangebot in den Forscherecken selbst ergeben sich die Inhalte der Experimente aus den Alltagsthemen wie den Erscheinungsformen von Stoffen oder der Bedeutung der Elemente Wasser, Feuer, Luft und Erde.

3.1 Experimente zum Thema Luft

Luft ist ein Gasgemisch der Erdatmosphäre. Sie besteht hauptsächlich aus Stickstoff und Sauerstoff. Daneben gibt es noch geringe Anteile von Argon und Kohlenstoffdioxid. Pflanzen brauchen Kohlenstoffdioxid zur Photosynthese. Im natürlichen Zustand ist die Luft geruchs- und geschmacklos.

Die Experimente zum Thema Luft geben den Kinder die Möglichkeit, die Luft sichtbar zu machen, zu fühlen, zu hören und damit gedanklich zu erfassen. Sie begreifen die Bedeutung des Sauerstoffs für das Leben auf der Erde oder dass Feuer ebenfalls auf Luft angewiesen ist (→ Kap. 3.3). Draußen können die Kinder mit Flugdrachen Erfahrungen mit Luftströmungen sammeln. Windräder verdeutlichen ihnen die Kraft und Energie des Windes. Auch die Entstehung der Wetterphänomene hängt mit den Eigenschaften der Luft zusammen.

Anregungen für Forscher

Wo ist überall Luft? Ist sie auch hier im Zimmer? Können wir die Luft einfangen? Wie können wir sie einfangen? Können wir die Luft sehen? Können wir die Luft spüren? Können wir die Luft hören? Welche Geräusche hat sie gemacht? Warum brauchen wir Luft? Brauchen auch Tiere und Pflanzen Luft? Welche Tiere können fliegen? Wie können sie fliegen? Können auch wir Menschen fliegen?

Überlegungen der Kinder

- Wenn das Fenster offen ist, kann die Luft hereinfließen.
- Luft brauchen wir zum Atmen.
- Tiere brauchen auch Luft, wie wir Menschen.
- Pflanzen brauchen Wasser, die müssen wir gießen, aber sie brauchen keine Luft.
- Der Wind trägt die Vögel, damit sie fliegen können.
- Luft kann ich mit einem Karton einfangen.
- Wenn wir einatmen, können wir die Luft einfangen.
- Luft brauchen wir, damit der Mond nicht auf die Erde fällt.
- Luft lasse ich aus meinem Ballon, damit sie wieder leben kann.
- Wir brauchen Luft, damit wir nicht schwitzen.
- Mit Luft können wir fliegen.
- Die Luftmatratze schwimmt auf Wasser, weil da Luft drinnen ist.

3.1.1 Luft nimmt Raum ein

Die folgenden Versuche bauen aufeinander auf. Die Kinder erleben, dass Luft Raum einnimmt und im Wasser aufsteigt. Sie entdecken das Prinzip der mit Luft gefüllten Taucherglocke.

Luftgefüllte Gläser

Material

- Mit Wasser gefüllte Glasschüsseln
- Gläser
- Strohhalme (Trinkröhrchen)

Abb. 3.1: Kinder experimentieren mit Wasser und Luft

Versuchsdurchführung

Die Erzieherin füllt ein Glas mit Wasser und zeigt es den Kindern. Dann zeigt sie ein „leeres" Glas und fragt, was in den Gläsern ist. Alle Kinder werden angeben, dass das eine Glas mit Wasser gefüllt ist. Meist sagen einige Kinder, im zweiten Glas sei nichts. Nun bekommt jedes Kind ein Glas und eine mit Wasser gefüllte Schüssel (→ Abb. 3.1). Die Kinder experimentieren mit dem Glas, bis Blasen entstehen. Die Erzieherin fragt, woraus diese Blasen bestehen. Als nächstes stellt sie ein Glas mit Strohhalmen auf den Experimentiertisch. Wenn die Kinder damit ins Wasser blasen, können sie feststellen, dass sie mit ihrer Atemluft ebenfalls Blasen produzieren können.

Naturwissenschaftlicher Hintergrund

Das Glas ist mit Luft gefüllt. Wird das Glas senkrecht in die Wasserschüssel eingetaucht, kann das Wasser nicht eindringen, weil die Luft nicht entweichen kann. Halten die Kinder das Glas schräg, steigt die Luft in Blasen nach oben, da die Luft als gasförmiger Stoff viel leichter ist als Wasser.

Tipps und Tricks

- Die Kinder brauchen Zeit, um herauszufinden, wie sie das Glas halten müssen, damit Luftblasen aufsteigen.
- Die Strohhalme stehen nicht von Anfang an auf dem Tisch.
- Die Glasschüsseln und Gläser haben keine Musterung.

Tauchende Gummibärchen

Material

- Aluminiumgehäuse von Teelichtern
- Mit Wasser gefüllte Schüsseln
- Gläser
- Gummibärchen

Versuchsdurchführung

Die Erzieherin zeigt den Kindern die Materialien für den Versuch. Jedes Kind erhält das Aluminiumgehäuse eines Teelichts. Die Erzieherin fragt, ob die Kinder den Gegenstand kennen und benennen können. Dann erzählt sie die Geschichte von Kapitän Nemo, dem Gummibärchen, der seinen Freund Fisch auf dem Grund des Meeres besuchen möchte. Allerdings möchte er nicht nass werden. Die Kinder geben nun die Aluminiumgehäuse auf die Wasseroberfläche. Die Erzieherin fragt, ob das Boot mit Kapitän Nemo wohl sinkt oder schwimmt? Die Meinungen der Kinder sind oft geteilt. Jedes Kind legt ein Gummibärchen in sein Aluminiumgehäuse und lässt sein Boot schwimmen (→ Abb. 3.2).

Die Erzieherin fragt nun, wie Kapitän Nemo, ohne nass zu werden, zum Grund der Schüssel tauchen kann. Die Kinder überlegen, wie dies wohl möglich ist. Die Erzieherin erinnert sie an den Versuch „Luftgefüllte Gläser“. Selten kommen Kinder selbst auf die Idee, das Glas über das

Abb. 3.2: Ein Gummibärchen schwimmt in einem Teelichtgehäuse

Abb. 3.3: Das tauchende Gummibärchen bleibt trocken

Aluminiumboot zu halten und langsam senkrecht mit dem Glas unterzutauchen (→ Abb. 3.3). Die Erzieherin kann sie durch Fragen und Hinweise unterstützen. Wenn sie das Glas dann langsam wieder nach oben bewegen und das Boot wieder auf der Wasseroberfläche erscheint, erkennen sie, dass das Gummibärchen trocken geblieben ist. Halten sie das Glas schräg, entweicht die Luft nach oben und Wasser dringt ein; Kapitän Nemo wird nass.

Naturwissenschaftlicher Hintergrund

Eine Taucherglocke funktioniert nach dem Prinzip der luftgefüllten Gläser. Beim Absenken im Wasser wird die Luftblase im Inneren durch den Wasserdruck zusammengepresst, bis der Wasserdruck und der Luftdruck in der Blase gleich sind. Ein Taucher könnte die Luftblase verlassen und solange zum Atmen in die Taucherglocke zurückkehren, bis der Sauerstoff der Luftblase verbraucht ist.

Tipps und Tricks

- Die Geschichte stellt einen emotionalen Bezug zur Forscheraufgabe her. Dadurch sind die Kinder besonders motiviert, sich mit dem Phänomen auseinanderzusetzen und Lösungsmöglichkeiten zu finden. Nach der Professorin für Chemiedidaktik, Gisela Lück, sind Geschichten mit Bezug zum Alltag und dem Naturphänomen ein wichtiges Element für ein kindgerechtes Experimentieren.
- Die Kinder sollten das Glas langsam bewegen.

Luftballon in der Flasche

Material

- Luftballonpumpen
- Flaschen mit einer breiten Öffnung, z. B. Sahneflaschen
- Luftballons
- Strohhalme

Versuchsdurchführung

Die Kinder legen den Luftballon in die Flaschenöffnung und versuchen, ihn mit der Pumpe in der Flasche aufzupumpen (→ Abb. 3.4). Das funktioniert nicht. Nun geben sie einen Strohhalm in die Flasche und es gelingt, den Luftballon aufzupumpen.

Naturwissenschaftlicher Hintergrund

Die Flasche ist mit Luft gefüllt. Beim Aufpumpen verschließt der Luftballon die Öffnung der Flasche und die Luft in der Flasche kann nicht mehr entweichen. Durch den Strohhalm entweicht die Luft und der Luftballon lässt sich in der Flasche aufpumpen.

Abb. 3.4: Kinder pumpen einen Luftballon in einer Flasche auf

Tipps und Tricks

- Der Strohhalm muss lang genug sein, damit er aus der Flasche herausragt.
- Verschiedenfarbige Luftballons regen die Phantasie an.
- Manche Kinder brauchen Hilfestellung beim Aufpumpen.

3.1.2 Luft hat Kraft

Die Kinder lernen die Antriebskraft der Luft kennen und machen Erfahrungen mit dem Rückstoßprinzip. Sie sehen, dass Luft die Kraft hat, Windräder in Bewegung zu setzen. Sie erleben, dass der Luftdruck stärker ist als die Gewichtskraft des Wassers.

Luftballonraketen

Material

- Mehrere längliche Luftballons (Zeppeline) pro Kind
- Luftballonpumpe
- Dünne Plastikschnur
- Klebeband
- Scheren
- Strohhalme
- Plastikklammern zum Verschließen der Luftballons

Versuchsdurchführung

Die Flugbahn für eine Luftballonrakete verläuft entlang einer Schnur. Dazu wird ein Schnurende beispielsweise an einem Türgriff festgebunden, dann die Schnur durch einen Strohhalm gezogen und am andere Ende festgehalten. Nun pumpen die Kinder die Luftballons auf und verschließen sie mit einer Plastikklammer – einen Luftballon mit Klebeband am Strohhalm befestigen und die Klammer öffnen und schon saust er mit großer Geschwindigkeit bis zum Ende der Schnur (→ Abb. 3.5).

Naturwissenschaftlicher Hintergrund

Die Antriebskraft der Luftballonrakete funktioniert nach dem Rückstoßprinzip. Sie wird durch den Rückstoß mit der gleichen Kraft nach vorn beschleunigt, mit der die Luft nach hinten ausgestoßen wird. Dieses Prinzip treibt auch Düsenflugzeuge oder Raketen an.

Abb. 3.5: Eine Luftballonrakete kurz vor dem Start

Tipps und Tricks

- Die Schnur darf nicht durchhängen.
- Die Kinder können Wettrennen mit ihren Luftballons veranstalten. Dafür werden parallel zwei Schnüre durch den Raum gespannt.
- Einige Kinder sind auf die Idee gekommen, die Ballons von beiden Seiten der Schnur aus zu starten, um herauszufinden, was beim Zusammenstoß der Ballons passiert.

Windräder

Material

- 120 mg starkes Papier
- Scheren
- Stecknadeln
- Strohhalme

Versuchsdurchführung

Um ein Windrad zu bauen, schneiden die Kinder aus Papier ein Quadrat mit ca. 20 cm Seitenlänge aus und schneiden die Diagonalen etwa zur Hälfte ein. Jeweils die Papierecke, die auf der linken Seite der Schnittlinie liegt, zur Mitte biegen, bis alle vier Spitzen übereinander liegen. Sie werden dann in der Mitte mit einer Stecknadel zusammengesteckt. Als Abstandhalter ein ca. 2–3 cm langes Stück eines Strohhalmes abschneiden und die Stecknadel durch diesen Abstandshalter in ein Stück Kork oder Styropor stecken. Nun kann sich das Windrad frei drehen (→ Abb. 3.6).

Naturwissenschaftlicher Hintergrund

Durch die schaufelartige Form des Windrades wird es durch den Aufprall von Luft in Bewegung versetzt. Die Energie der Luft bzw. des Windes wird in eine Drehbewegung umgewandelt. Nach diesem Prinzip funktionieren auch Wind-

Abb. 3.6: Ein Windrad wird in Bewegung gesetzt

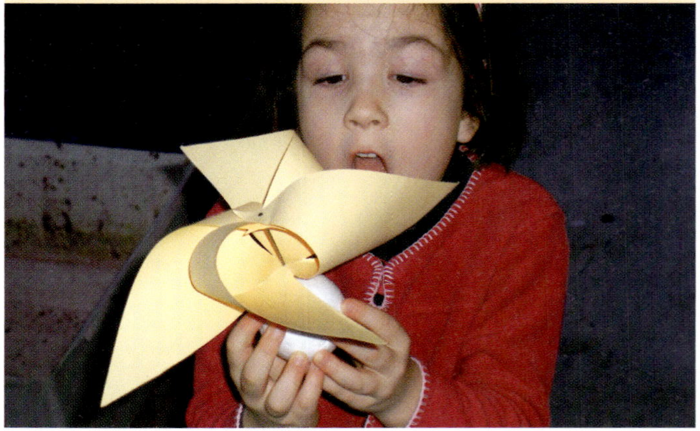

energieanlagen. Bei diesen wird die Drehbewegung über einen Generator in Strom umgewandelt.

Tipps und Tricks

- Kinder brauchen manchmal Hilfestellung, um das Windrad am Kork zu befestigen.
- Um mit dem Windrad auch im Freien experimentieren zu können, empfiehlt es sich, statt Papier gereinigte und getrocknete Tetrapacks zu benutzen.

Wasserglas kopfüber

Material

- Gläser
- Untersetzer aus Plastik oder Kork
- Wasser

Versuchsdurchführung

Die Kinder füllen das Glas mit Wasser und legen den Untersetzer auf das Glas. Nun drehen sie das Glas um und lassen den Untersetzer los. Der Untersetzer bleibt am Glas haften (→ Abb. 3.7).

Abb. 3.7: Der Luftdruck hält einen Untersetzer am Glas fest

Naturwissenschaftlicher Hintergrund

Der Luftdruck hält das Wasser im Glas. Der Luftdruck entsteht durch die Gewichtskraft der Luftsäule, die auf der Erdoberfläche oder auf einem Gegenstand auf der Erdoberfläche steht. Die Gewichtskraft der Luftsäule unter dem Glas drückt stärker gegen den Untersetzer als die Gewichtskraft des Wassers im Glas nach unten drückt.

Der Luftdruck bestimmt auch das Wetter, denn die Luftströmungen mit unterschiedlichen Feuchtigkeitsgehalten hängen von Hoch- und Tiefdruckgebieten ab. Die Luft fließt von hohem zu tiefem Luftdruck. Tiefdruckgebiete führen zur Tropfenbildung in den Wolken und zu Regen. In Hochdruckgebieten lösen sich die Wolken wieder auf.

Tipps und Tricks

- Die Kinder füllen die Gläser mit unterschiedlich großen Wassermengen und wiederholen das Experiment.
- Sie legen Münzen in das Wasserglas und überprüfen, ob der Untersetzer immer noch am Glas haften bleibt.
- Das Experiment kann auch bei Fragestellungen der Kinder zum Thema Wetter eingesetzt werden.

3.1.3 Warme Luft steigt auf und dehnt sich aus

Die Kinder können sehen, dass warme Luft mehr Raum braucht und aufsteigt.

Luftballons pusten sich auf

Material

- Gekühlte, trockene Flaschen mit Drehverschluss
- Luftballons
- Schüsseln mit warmem Wasser

Versuchsdurchführung

Die verschlossenen und trockenen Flaschen werden für eine Stunde in den Kühlschrank gestellt. Anschließend werden sie geöffnet, die Kinder ziehen den Luftballon über die Flaschenöffnung und stellen die Flasche in die Schüssel mit warmem Wasser. Der Luftballon richtet sich auf.

Naturwissenschaftlicher Hintergrund

Die Luftteilchen bewegen sich bei höheren Temperaturen schneller, die Luft dehnt sich aus und nimmt damit mehr

Raum ein. Auch der innere Luftdruck in der Flasche steigt etwas. Wenn der Luftballon abgezogen wird, hört man, wie die Luft entweicht.

Tipps und Tricks

- Anstatt die Flasche in ein Wasserbad zu stellen, können die Kinder die Flasche auch mit ihren eigenen Händen erwärmen.
- Die Kinder probieren aus, ob es einen Unterschied macht, wenn ein Kind die Flasche mit den Händen erwärmt oder wenn es mehrere Kinder sind.

Papierschlangentanz

Material

- Papier mit aufgemalter, ca. 3 cm breiter Spirale
- Scheren
- Bindfaden
- Holzstab
- Klebstoff

Abb. 3.8: Die Papierschlange dreht sich und zeigt damit die aufsteigende Warmluft an

Versuchsdurchführung

Die Kinder schneiden die Spirale aus Papier aus und kleben einen Bindfaden an den Anfangspunkt der Spirale. Der Bindfaden wird an einen kleinen Holzstab geknotet. Hält man die Spirale am Holzstab in die Höhe, öffnet sie sich zu einer

Schlange. Die Schlange dreht sich, wenn die Kinder sie ca. 20 cm über eine Kerze halten, und zeigt durch eine Aufwärtsbewegung an, dass warme Luft gerade nach oben steigt.

Naturwissenschaftlicher Hintergrund

Die Luftteilchen bewegen sich schneller bei Wärme, die Luft wird leichter und steigt auf.

Tipps und Tricks

Die Papierschlange dreht sich auch ohne Kerze überall da, wo warme Luft aufsteigt, z. B. bei einer Heizung. So können die Kinder den Versuch auch ohne Erzieherin in der Forscherecke durchführen.

3.2 Experimente zum Thema Wasser

Wasser ist eine chemische Verbindung aus Wasserstoff und Sauerstoff. Wasser ist die Voraussetzung für jedes Leben. Für Kinder hat Wasser einen hohen Aufforderungscharakter, sie experimentieren schon von klein an ausgiebig damit und interessieren sich für seine verschiedenen Aggregatzustände (fest, flüssig und gasförmig). Beim Spielen mit Schnee und Eis erfahren sie, wie schnell sich Aggregatzustände ändern können oder dass z. B. Eis auf Wasser schwimmt. Mit den Experimenten bekommen Kinder erste Einblicke in die Welt der Chemie. Durch die Experimente mit verschiedenen Substanzen lernen Kinder beispielsweise, welche Stoffe in Wasser löslich sind und welche Konsequenzen das hat. Sie erfahren, dass Wasservorräte auch leicht verschmutzen können.

Anregungen für Forscher

Wo gibt es Wasser? Wo kommt Wasser in der Natur vor? Warum brauchen wir Wasser? Welche Geräusche macht Wasser? Brauchen wir Menschen Wasser? Brauchen auch Tiere und Pflanzen Wasser? Was kann Wasser?

Überlegungen der Kinder

- Wasser finden wir im Bach, Fluss, Meer, Regen, Schwimmbad, See. Es kommt auch aus dem Wasserhahn.
- Wasser brauchen wir, sonst vertrocknen wir.
- Wenn zu viele Menschen auf einem Schiff sind, geht es unter.
- Im Styropor ist Luft, deshalb bleibt es oben und will nicht im Wasser bleiben.
- Im Winter ist manchmal der See gefroren.
- Eiswürfel kann man nur in der Fabrik machen.
- Wasser ist in den Wolken.
- Regenwürmer brauchen Wasser.
- Wasser ist mit der Luft verwant, in der Luft ist auch Wasser drin.
- Blumen brauchen Wasser.
- Zwei Zuckerstücke lösen sich in Wasser: Zwei Inseln, die direkt mit dem Meer verbunden sind.
- Öl löst sich in Wasser.
- Öl verändert die Farbe von Wasser.
- Der Löffel im Wasserglas wird größer.
- Salzwasser gibt es in Wangerooge, Meer und Ozean.
- Im Tee hat sich der Zucker schon mal aufgelöst.
- Tinte und Zucker gehen in das Wasser.
- Der Zucker sinkt im Wasser.

3.2.1 Wasser trägt Gegenstände

Die Kinder sammeln Erfahrungen damit, wie ein Material oder ein Gegenstand beschaffen sein muss, damit er schwimmen kann.

Schwimmen und Sinken

Material

- Durchsichtige, mit Wasser gefüllte Schüsseln
- Diverse Materialien wie Kork, Holz, Metall, Styropor, Papier, Knete, Aluminiumgehäuse von Teelichtern, Deckel von Milchflaschen

Versuchsdurchführung

Die Erzieherin zeigt den Kindern die verschiedenen Materialien und fragt, ob sie wohl schwimmen oder untergehen. Die Kinder diskutieren diese Frage und experimentieren anschließend mit den Materialien in der Wasserschüssel.

Naturwissenschaftlicher Hintergrund

Die Dichte eines Gegenstandes und die Menge von Wasser, die er verdrängt, entscheiden darüber, ob der Gegenstand schwimmt oder versinkt. Die Dichte gehört zu

Abb. 3.9: Ein Boot aus Knetmasse kann schwimmen

den Eigenschaften eines Stoffes. Mit ihr wird das Verhältnis von Masse und Volumen eines Stoffes ausgedrückt. Ist die Dichte eines Materials größer als die von Wasser, so sinkt es, ist sie geringer, so schwimmt es. Es können aber auch Gegenstände mit einer höheren Dichte als Wasser schwimmen, beispielsweise Schiffe aus Stahl. Sie schwimmen, weil der in das Wasser eingetauchte Teil des Schiffes leichter ist als das verdrängte Wasser und weil das Gesamtgewicht des Schiffes dem Gesamtgewicht des von ihm verdrängten Wassers entspricht. Auch die Form spielt eine wichtige Rolle: Eine Knetkugel sinkt, ein Boot aus Knetmasse dagegen schwimmt (→ Abb. 3.9). Gegenstände mit größerer Oberfläche schwimmen besser, weil auf die untere Schiffsfläche im Wasser eine größere Kraft nach oben wirkt als auf der Wasseroberfläche. Diese Kraft heißt Auftrieb.

Salzwasser hat eine größere Dichte als Süßwasser, d. h. manche Gegenstände, die in Süßwasser untergehen, schwimmen, wenn die Salzkonzentration sehr hoch ist.

Tipps und Tricks

- Die Kinder erproben die Materialien zunächst einzeln. Erst danach stehen ihnen alle Materialien zur freien Verfügung. Die Kinder probieren viele Kombinationen aus, beispielsweise lassen sie eine Münze auf einem Deckel schwimmen.
- Die Tatsache, dass Salzwasser eine größere Dichte als Süßwasser hat, kann mit dem Versuch „Schwimmendes Ei“ erfahrbar werden. Wenn im Wasser viel Salz gelöst ist, schwimmt ein Ei, während es im normalen Leitungswasser auf den Boden sinkt.

3.2.2 Wasser hat Oberflächenspannung

Die Kinder bemerken, dass Wasser eine Kugelform annehmen kann. Sie erfahren, dass Wasser eine Oberflächenspannung hat, die mittels Spülmittel geringer wird.

Wasserberge wachsen

Materialien

- Pipetten
- Gefüllte Wassergläser
- Münzen

Versuchsdurchführung

Die Kinder lernen die Funktion einer Pipette kennen. Dann versuchen sie, mit der Pipette kleine Wassertropfen zu bilden. Sie lassen mit Hilfe der Pipette einen kleinen Wasserberg auf einer Münze entstehen und beobachten von der Seite, wie der Wasserberg wächst und eine kugelige Form annimmt (→ Abb. 3.10).

Naturwissenschaftlicher Hintergrund

Durch die Verbindung der Wassermoleküle durch Wasserstoffbrücken kann das Wasser Kugelform annehmen und auf einer Münze einen Wasserberg bilden. Wassermoleküle ziehen sich an. Die Ladung ist auf dem Wassermolekül nicht gleichmäßig verteilt. Der positiv geladene Teil eines Wassermoleküls zieht den negativ geladenen Teil eines anderen Wassermoleküls an. Es bilden sich Wasserstoffbrücken, die die Moleküle verbinden. Die Kohäsionskräfte (Zusammenhalt der Wassermoleküle/Wasserstoffbrücken) des Wassers bewirken das Entstehen eines Was-

Abb. 3.10: Kinder pipettieren Wasser auf eine Münze

serberges auf der Münze. Sobald die Erdanziehungskräfte größer sind als die Kohäsionskräfte des Wassers läuft der Wasserberg über den Münzrand.

Tipps und Tricks

- Bevor die Kinder Wasser auf die Münzen tropfen, reiben sie die Münzen mit der Hand. Dadurch werden sie etwas eingefettet und das Wasser wird von der Münzoberfläche abgestoßen.
- Die Kinder experimentieren mit kleinen und großen Münzen.
- Mit diesem Experiment lässt sich erklären, warum es Wasserläufern gelingt, sich auf der Wasseroberfläche fortzubewegen.

Büroklammern schwimmen und gehen unter

Material

- Mit Wasser gefüllte, durchsichtige Schüsseln
- Kleine Gabeln
- Büroklammern
- Spülmittel
- Rolle Küchenpapier
- Tücher zum Abtrocknen

Versuchsdurchführung

Zu Beginn fragt die Erzieherin, ob die Kinder glauben, dass eine Büroklammer auf dem Wasser schwimmen kann. Nachdem alle Kinder geantwortet und diskutiert haben, beginnt das Experiment. Die Kinder legen die Büroklammer vorsichtig auf die Gabel und versuchen, die Büroklammer parallel zur Wasseroberfläche aufzulegen und schwimmen zu lassen. Die Büroklammern schwimmen wie Boote auf der Wasseroberfläche. Nun geben die Kinder etwas Spülmittel auf die Wasseroberfläche und stellen fest, dass alle Büroklammern untergehen.

Naturwissenschaftlicher Hintergrund

Dank der Oberflächenspannung des Wassers schwimmen Büroklammern auf der Wasseroberfläche. Spülmittel verringert die Oberflächenspannung des Wassers, indem sich Spülmittelteilchen (Tenside) zwischen die Wassermoleküle drängen. Die Büroklammer wird nicht mehr vom Wasser getragen.

Tipps und Tricks

Wenn manche Kinder die feinmotorische Fähigkeit noch nicht haben, die Büroklammer mit der Gabel auf die Wasseroberfläche zu legen, können sie die Büroklammer auch auf ein Stück Küchenpapier auf die Wasseroberfläche legen. Das Küchenpapier saugt sich mit Wasser voll und geht unter. Die Büroklammer bleibt schwimmend auf der Wasseroberfläche zurück.

3.2.3 Wasser reagiert mit anderen Substanzen

Die Kinder erfahren, dass Kohlendioxid im Wasser Dinge bewegen kann und dass sich nur manche Stoffe in Wasser auflösen.

Rosinen tanzen in Mineralwasser

Material

- Gläser mit Mineralwasser mit viel Kohlensäure
- Einige getrocknete Rosinen

Versuchsdurchführung

Die Kinder geben die Rosinen in das mit Mineralwasser gefüllte Glas und beobachten, wie die Rosinen zu Boden sinken und sich dann plötzlich nach oben bewegen. Wenn sie die Wasseroberfläche berühren, sinken sie wieder nach unten.

Naturwissenschaftlicher Hintergrund

Mineralwasser enthält gelöste Salze, Kohlensäure und Kohlendioxid. Kohlendioxid ist ein Gas, das sich in Form

Abb. 3.11: Bläschen lagern sich im Mineralwasser an Rosinen an

von Bläschen an die Rosinen anlagert (→ Abb. 3.11). Da das Gas eine geringere Dichte als Wasser hat, steigt es nach oben. Die Rosine wird nach oben getragen. An der Wasseroberfläche zerplatzen die Kohlendioxidbläschen und das Kohlendioxid entweicht in die Luft. Dadurch wird der Auftrieb der Rosine verringert und sie sinkt wieder zum Grund. Neue Kohlendioxid-Bläschen lagern sich an die Rosine an.

Tipps und Tricks

- Die Kinder variieren den Versuch mit Nudeln oder kleinen Beeren.
- Ein großer Pfirsich eignet sich ebenfalls. Er beginnt, sich im Mineralwasser zu drehen, wenn er leicht angestoßen wird. An der Stelle, an der der Pfirsich ins Wasser taucht, lagern sich kleine Kohlendioxid-Bläschen an. Diese vergrößern sich beim Drehen, weitere lagern sich an und der Pfirsich dreht sich.

Wasser als Lösungsmittel

Material

- Gläser mit Wasser
- Löffel
- Salz, Zucker, Kies und Erde

Versuchsdurchführung

Salz, Zucker, Kies und Erde werden einzeln von den Kindern auf ihre Löslichkeit in Wasser überprüft. Die Kinder äußern zuvor ihre Vermutung, welcher der Stoffe sich wohl in Wasser lösen wird und erproben es dann.

Naturwissenschaftlicher Hintergrund

Wasser ist eine polare *(geladene)* Substanz mit einer negativen Teilladung am Sauerstoffatom und einer positiven Teilladung an den Wasserstoffatomen. Andere polare oder geladene Substanzen wie Kochsalz und Zucker lösen sich gut in Wasser. Das heißt, Gleiches löst sich in Gleichem. Sand und Kies dagegen bestehen aus schwer löslichen Siliziumverbindungen, die auf einer festen Kristallstruktur mit Atombindungen beruht. Deshalb können sie sich nicht im Wasser lösen.

Tipps und Tricks

Als zusätzlichen Versuch kann auch die Löslichkeit einer Substanz bei unterschiedlichen Wassertemperaturen untersucht werden. Salz oder Zucker lösen sich in warmem Wasser viel schneller als in kaltem Wasser.

Schwarz wird bunt

Material

- Mit Wasser gefüllte Gläser
- Kaffeefilter
- Rundfilter
- Scheren
- Schwarze, wasserlösliche Filzstifte

Abb. 3.12: Mit Wasser und Filterpapier lässt sich schwarze Filzstiftfarbe trennen

Abb. 3.13: Ein Kreis aus schwarzer Filzstiftfarbe hat sein Farbspektrum entfaltet

Versuchsdurchführung

Die Kinder falten den Rundfilter zu einem Kegel und schneiden die Spitze ab, sodass ein 1 cm großes Loch entsteht. Im Abstand von 1 cm vom Loch zeichnen sie mit dem schwarzen Filzstift einen Kreis. Nun rollen sie den Kaffeefilter und stecken ihn durch das Loch des Rundfilters. Der Rundfilter wird so auf das Glas gelegt, dass der gerollte Kaffeefilter in das Wasser taucht. Das Wasser steigt im Filterpapier hoch und trennt die Farben des schwarzen Filzstiftes auf (→ Abb. 3.12, 3.13).

Naturwissenschaftlicher Hintergrund

Schwarz besteht aus einer Mischung verschiedener Farben. Aufgrund ihrer Molekülgröße und Löslichkeit werden die verschiedenen Farbstoffmoleküle unterschiedlich schnell vom Wasser durch das Filterpapier transportiert. Die am besten löslichen Farben gelangen am weitesten.

Tipps und Tricks

- Braune und graue Stifte liefern ebenfalls interessante Ergebnisse.
- Stifte unterschiedlicher Hersteller liefern unterschiedliche Ergebnisse.
- Statt eines Filzstiftes eignen sich auch verschiedenfarbige Tinten.

Rotkohlsaft als Indikator

Material

- Rotkohlsaft oder Saft von Roter Beete
- Gläser
- Löffel
- Essig
- Apfelsaft
- Backpulver
- Waschpulver

Versuchsdurchführung

Indikatoren zeigen durch einen Farbwechsel, ob eine Substanz basisch oder sauer ist. Die Kinder wählen verschiedene Substanzen aus, die sie mit dem Rotkohlsaft testen möchten. Jedes Glas wird zu einem Drittel mit Wasser gefüllt. Die Substanzen werden dazugegeben und mit dem Löffel gerührt bis sie sich im Wasser gelöst haben. Apfelsaft und Essig werden pur in die Gläser gegeben. Dann geben die Kinder in jedes Glas 2–3 Teelöffel Rotkohlsaft und beobachten die Färbung der Flüssigkeiten (→ Abb. 3.14).

Naturwissenschaftlicher Hintergrund

Rotkohlsaft ist ein Indikator. Er zeigt an, ob eine Flüssigkeit sauer oder basisch reagiert. Wird er einer sauren Flüssigkeit zugegeben, intensiviert sich das Rot, bei basischen wird er eher bläulich. Verantwortlich für den Farbwechsel sind die Anthocyane, die wasserlöslichen Farbstoffe des Rotkohls.

Tipps und Tricks

Die Kinder können den Inhalt von zwei Gläsern mit verschiedenen Substanzen zusammenschütten und beobachten, was passiert.

Abb. 3.14: Rotkohlsaft hat Indikatorwirkung

Wasser und Öl bilden Schichten

Material

- Gläser
- Rote, grüne, blaue Tinte
- Pipetten
- Wasser
- Sonnenblumenöl

Versuchsdurchführung

Die Kinder geben ca. 2 cm hoch Sonnenblumenöl in das Glas. Dann wir das Glas 2/3 voll mit Wasser gefüllt. Die Kinder beobachten, wie sich die beiden Flüssigkeiten verhalten. Das Öl schwimmt nach einer kurzen Vermischung mit dem Wasser nach oben. Es entsteht eine Ölschicht auf dem Wasser. Nun geben die Kinder mit der Pipette einige Tropfen blauer Tinte auf die Ölschicht. Die Tinte sinkt langsam in Kugelform nach unten bis sie auf die Grenzschicht zum Wasser trifft. Dort bleibt der Tropfen erst einmal liegen. Je nach Tropfengröße sinkt er früher oder später durch die Wasserschicht auf den Glasboden. Dabei verliert er die Tropfenform und löst sich als eine Farbschliere im Wasser auf. Danach geben die Kinder rote Tinte in das

Abb. 3.15: Tinte auf dem Weg durch eine Öl- und Wasserschicht

Wasser. In der unteren Wasserschicht vermischen sich die beiden Farben zu lila.

Naturwissenschaftlicher Hintergrund

Farbige Tinte nimmt in Wasser und Öl eine andere Form an. In Öl grenzt sie sich in der Kugelform von der sie umgebenden öligen Umgebung ab. Im Wasser löst sich die Tinte in Schlieren auf und verteilt sich gleichmäßig im Raum.

Öl hat eine geringere Dichte als Wasser und schwimmt deshalb oben. Wasser ist eine polare, Öl eine unpolare Flüssigkeit, deswegen stoßen sie sich gegenseitig ab. Die Tinte ist eine wässrige Lösung. Das enthaltene Wasser ist polar und hat deswegen das Bestreben, im Öl eine Form mit kleiner Oberfläche und großem Inhalt (Kugel) anzunehmen. Der Tintentropfen stoppt an der Grenzschicht zwischen Öl und Wasser. Die Wasser abstoßende Ölschicht verhindert das Eindringen des Tintentropfens in die Wasserschicht. Aufgrund der Erdanziehungskraft drückt der Tintentropfen die unter ihm liegende Ölschicht auseinander und verbindet sich mit dem Wasser. Durch die Spannung an der Grenzschicht Öl – Wasser zerplatzt der Tintentropfen und verteilt sich durch Diffusion *(Bestreben eines Stoffes sich gleichmäßig im Raum zu verteilen)* im Wasser.

Tipps und Tricks

Außer Tinte eignen sich mit Lebensmittelfarbe gefärbte Flüssigkeiten wie Essig oder Spülmittel.

3.2.4 Wasser hat Kraft

Die Kinder erleben, dass die (Gewichts)Kraft des Wassers ein Wasserrad in Bewegung setzt.

Wasserräder

Materialien

- Flaschenkorken
- Dünne Plastikbecher
- Messer
- Schere
- Zahnstocher
- Strohhalme

Versuchsdurchführung

Die Erzieherin schneidet mit dem Messer vier Schlitze in den Korken und die Kinder mit der Schere vier breite Streifen aus dem Plastikbecher. Dann stecken sie die Plastikstreifen in die Schlitze des Korkens sowie je einen Zahnstocher in die beiden Enden des Korkens. Über die Zahnstocher stecken sie Strohhalme, damit sich der Kork frei drehen kann. Unter dem Strahl des Wasserhahns oder einer Gießkanne beginnen sich die Wasserräder zu drehen (→ Abb. 3.16).

Abb. 3.16: Kinder erproben, welches Material sich für ein Wasserrad eignet

Naturwissenschaftlicher Hintergrund

Wasser setzt über seine Gewichtskraft die Schaufel des Wasserrades in Bewegung und wandelt so die Lageenergie *(potentielle Energie)* in die Bewegungsenergie des Wasserrades um. Schon lange wurde diese Kraft genutzt, um Mühlräder anzutreiben. Bei der Energiegewinnung durch Wasserkraft ist an das Wasserrad ein Generator angeschlossen, der die Rotationsenergie in elektrische Energie umwandelt.

Tipps und Tricks

Die Kinder können die Schaufeln für das Wasserrad aus unterschiedlichen Materialien herstellen und sie auch unterschiedlich formen. Sie beobachten dann, bei welchen Materialien und welcher Form das Wasserrad sich am schnellsten dreht.

3.3 Experimente zum Thema Feuer und Licht

Feuer und **Licht** sind sehr bedeutende Phänomene für alle Kulturen. Die Hauptlichtquelle ist die Sonne. Die Entdeckung des Feuers erlaubte dem Menschen ein sichereres Leben bei Dunkelheit. Feuer entsteht durch Verbrennung von energiereichen Stoffen wie Holz, Öl und Gas. Licht ist eine elektromagnetische Welle. Das sichtbare Licht ist nur ein kleiner Teil des elektromagnetischen Wellenspektrums. Dieser sichtbare Bereich lässt sich anhand der Regenbogenfarben veranschaulichen. Beim Experimentieren lernen Kinder unterschiedliche Lichtphänomene kennen. Die Lichtbrechung z. B. tritt auf, wenn Licht verschiedene Materialien wie Luft, Wasser und Glas durchdringt. Beim Durchtritt durch eine Grenzfläche zu einem anderen Material wird der Lichtstrahl abgelenkt. So entsteht z. B. der Eindruck, ein Löffel in einem Wasserglas hätte einen Knick. Beim Experimentieren mit Licht und Schatten können die Kinder beobachten, dass sich Licht in der Luft geradlinig ausbreitet. Spiegel zeigen, dass Licht reflektiert wird, und Seifenblasen zeigen das Wellenspektrum auf.

Anregungen für Forscher

Woher kommt das Licht? Wie sind Licht und Schatten verbunden? Warum brauchen Menschen Licht? Brauchen auch Tiere und Pflanzen Licht? Wie entsteht Feuer? Welche Geräusche macht das Feuer? Wozu brauchen Menschen Feuer? Welche Form hat die Flamme einer Kerze?

Überlegungen der Kinder

- Feuer ist gefährlich.
- Manchmal kann ich im Dunklen auch Farben sehen.
- Das Licht sendet uns die Sonne.
- Tiere können nicht so sehen wie wir Menschen.
- Am Tage sehen wir alles bunt, in der Nacht nicht.
- Der Mond gibt uns Licht in der Nacht.
- In der Nacht leuchte ich mir mit meiner Taschenlampe.
- Nachts sieht man die Farben, wenn das Licht an ist.

3.3.1 Flammen brauchen Sauerstoff

Die folgenden beiden Versuche bauen aufeinander auf. Die Kinder erfahren, dass eine Kerze Licht, Wärme und Verbrennungsprodukte erzeugt. Sie experimentieren mit Licht und Schatten. Sie sehen, dass eine Flamme ohne Sauerstoff erlischt.

Brennende Kerze

Material

- Kerzen
- Streichhölzer
- Verschiedene Figuren wie Holztiere oder Bauklötze, um Schatten zu erzeugen

Versuchsdurchführung

Die Kerzen werden angezündet. Zuerst beobachten die Kinder die Flamme, ihre Form und Farben. Sie stellen fest, dass die Kerze Licht und Wärme erzeugt. Dann beobachten sie, wie sich das Wachs und der Docht verändern. Sie äußern Vermutungen, warum eine Kerze brennt.

Abb. 3.17: Kinder beobachten eine Kerzenflamme

Dann stellt die Erzieherin verschieden große Figuren auf den Tisch. Die Kinder stellen sie in unterschiedlicher Entfernung zur Kerze auf und beobachten, wie sich die Schatten verändern.

Naturwissenschaftlicher Hintergrund

Wachs besteht aus Kohlenwasserstoffen und ist gut brennbar. Diese Stoffgruppe ist recht vielfältig und es gibt mehrere Untergruppen sowie sehr viele Verbindungen. Die Kohlenwasserstoffe haben vor allem durch ihre riesigen Vorkommen als fossile Brennstoffe eine große Bedeutung. Bei der Verbrennung von Kerzenwachs lassen sich alle Aggregatzustände beobachten. Wenn der Docht brennt, wird das Wachs durch die Wärme flüssig und gelangt durch die Kapillarwirkung des Dochtes an die Flamme. Da Wachs sehr gut brennt, entsteht eine größere Flamme, die dazu führt, dass immer mehr Wachs schmilzt, den Docht hochsteigt, verdampt und die Flamme nährt. Es entstehen Licht, Wärme, Asche, Rauch und Ruß.

Abb. 3.18: Bunte Plastikscheiben werfen bunte Schatten

Tipps und Tricks

- Die Kinder suchen im Raum Gegenstände, die besonders interessante Schatten werfen.
- Sie überprüfen, wie sie die Schatten kleiner oder größer machen können.
- Die Kinder lassen den Schatten des Gegenstands wandern, indem sie die Kerze bewegen.
- Mit farbig leuchtenden Lampen oder bunten Plastikscheiben können die Kinder Farbschatten erzeugen.

Erlöschende Kerze

Material

- Zwei Kerzen pro Kind
- Zwei unterschiedlich große Gläser pro Kind

Versuchsdurchführung

Die Kerzen werden angezündet und die Kinder beobachten die Flamme. Die Erzieherin erinnert sie an den vorangegangenen Versuch. Sie überlegen, was passiert, wenn sie die unterschiedlich großen Gläser über die Kerzen stülpen.

Nachdem alle ihre Meinung geäußert haben, führen sie das Experiment durch.

Naturwissenschaftlicher Hintergrund

Eine Flamme braucht den Sauerstoff in der Luft zum Brennen und verbraucht ihn dabei. Bei einer brennenden Kerze reagiert das Wachs mit dem Luftsauerstoff zu Kohlenstoffdioxid und Wasser. Wird die Kerze mit einem Glas bedeckt, löscht das Kohlendioxid die Flamme und im Glas bildet sich Wasser. Beim Verlöschen der Kerze entstehen außerdem Rauch und Ruß.

Tipps und Tricks

Die Kinder lassen ein brennendes Teelicht in einer mit ca. 5 cm Wasser gefüllten Schale schwimmen. Sie beobachten, dass es weiter brennt und nicht untergeht und verlöscht. Nun stülpen sie ein Wasserglas über das Teelicht. Die Flamme erlischt und der Wasserstand im Glas steigt ein deutliches Stück an. Der Grund liegt darin, dass der Sauerstoff im Glas verbraucht wird und das entstehende Kohlendioxid sich gut im Wasser löst. Außerdem kühlt sich die Luft im Glas ab. Dadurch wird Raum im Glas frei und das Wasser kann nachfließen.

3.3.2 Licht hat ein Farbspektrum

Die Kinder erleben, dass weißes Licht aus verschiedenen Farben besteht (siehe auch 3.3.4). Sie lernen das Phänomen der Lichtbrechung und der Lichtstreuung kennen.

Regenbogenfarben

Material

- Geschliffene Gläser
- Geschliffene Kristallprismen
- Wasser
- Weißes Papier

Versuchsdurchführung

Die Kinder stellen mit Wasser gefüllte Gläser auf eine sonnige Fensterbank, sodass die Sonne durch das Glas scheint. Mit einem weißen Papier können sie das Farbspektrum (rot, gelb, grün, blau und violett) einfangen.

Naturwissenschaftlicher Hintergrund

Die verschiedenen Wellenlängen des weißen Lichtes werden beim Durchtritt durch die Phasengrenzen Luft – Glas –

Abb. 3.19: Regenbogenfarben im Prisma entdeckt

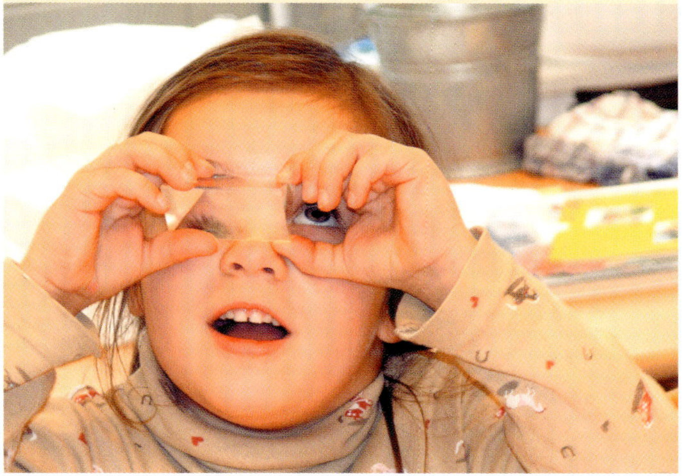

Wasser in unterschiedlichen Winkeln gebrochen und spalten sich dadurch in die unterschiedlichen Farben auf.

Tipps und Tricks

- Die Kinder können durch ein geschliffenes Kristallprisma schauen, um die Spektralfarben zu sehen (→ Abb. 3.19).
- Im Sommer lassen sich bei Sonnenwetter die Farben des Lichtes auch mit einem Wasserschlauch sichtbar machen. Die Kinder halten den sprühenden Wasserschlauch nach oben und sehen im Sprühregen die Farben des Regenbogens. Die Wassertropfen wirken als großes Prisma.
- Falls die Sonne nicht scheint, erscheinen die Spektralfarben auch, wenn die Kinder in einem verdunkelten Raum ein Glas Wasser auf eine Taschenlampe stellen.

Seifenblasen schillern

Material

- Seifenblasenlösung (2 Teile Spülmittel, 1 Teil destilliertes Wasser, 0,5 Teile Glyzerin gut mischen und über Nacht stehen lassen)
- Strohhalme
- Trichter
- Schalen oder Suppenteller
- Geschliffene Kristallprismen

Versuchsdurchführung

Die Kinder gießen etwas Seifenblasenlösung in die Schale und produzieren Seifenblasen, indem sie die Trichteröffnung in die Seifenblasenlösung tauchen und vorsichtig mit dem Strohhalm in den Trichterstil blasen. Eine große Bla-

Abb. 3.20: Eine Riesenseifenblase entsteht

se entsteht und sie beobachten, dass die Blase schillernde Farben hat (→ Abb. 3.20).

Naturwissenschaftlicher Hintergrund

Die Farben entstehen aufgrund der unterschiedlichen Dicke des Seifenfilms, in dem sich entsprechend unterschiedlich das Licht bricht (→ Abb. 3.21). Kurz vor dem Zerplatzen wird die Seifenblase in diesem Bereich bläulich, dann golden und schließlich grau. Die Seifenblase platzt, weil das in der Seifenblase enthaltene Wasser verdunstet und dadurch die Seifenblasenwand immer dünner wird.

Tipps und Tricks

- In schwarzen Schalen sind die Farben der Seifenblasen besonders gut zu erkennen.
- Die Kinder suchen die Regenbogenfarben in einem Kristallprisma und vergleichen sie mit den Farben der Seifenblasen.

Abb. 3.21: Spektralfarben zeigen sich auch auf Seifenblasen

Sonnenuntergang im Milchglas

Material

- Glas Wasser pro Kind
- Etwas Milch im Glas
- Taschenlampen
- Pipetten

Versuchsdurchführung

Die Kinder geben etwas Milch mit der Pipette ins Wasserglas. Dann leuchten sie durch das Glas und stellen fest, dass das Licht auf der anderen Seite des Milchglases rötlich aussieht.

Naturwissenschaftlicher Hintergrund

Die rote Farbe des durchscheinenden Lichtes beruht auf dem so genannten Tyndall-Effekt. Er beschreibt die Streuung von Licht bei kleinen Partikeln wie den Fetttröpfchen in der Milch oder Staubteilchen und Wassertröpfchen in der Luft. Das menschliche Auge nimmt bestimmte Wellenlängen des Lichts als Rot, Blau und Grün wahr. Durch die verdünnte Milch kann nur das langwellige Rot dringen, während die anderen Farbbestandteile des Lichts von den Fetttröpfchen der Milch im Glas so gestreut werden, dass sie das menschliche Auge nicht als Farbe wahrnimmt. Dieses Phänomen ist auch beim Sonnenuntergang zu beobachten. Das Sonnenlicht legt einen längeren Weg durch die Lufthülle der Erde zurück. Auf seinem Weg werden die blauen und grünen Bestandteile an den Staubteilchen und Wassertröpfchen gestreut und das langwellige Rot dringt durch. Deshalb sind bei hoher Luftfeuchtigkeit die Sonnenuntergänge besonders rot.

Tipps und Tricks

Die Kinder können auch von oben in das Milchwasser leuchten. Dann erscheint es blau. Das Licht wird dann so gestreut, dass hauptsächlich blaue Lichtanteile die Augen erreichen.

Abb. 3.22: Licht sieht durch verdünnte Milch rot aus

3.3.3 Licht kann reflektiert werden

Die Kinder erleben, dass Spiegel Licht reflektieren können und so ein genaues Abbild eines Gegenstandes wiedergeben.

Spiegelbilder

Material

- Zwei Spiegel pro Kind
- Tesafilm
- Papier
- Buntstifte
- Lineale
- Strohhalme

Abb. 3.23: Linien spiegeln sich und ergeben geometrische Formen

Versuchsdurchführung

Zwei Spiegel werden in der Mitte mit einem Tesafilmstreifen verbunden. Jedes Kind erhält ein Blatt DIN-A4-Papier und zieht mit verschiedenen Buntstiften Linien mit dem Lineal. Die Kinder stellen den Spiegel auf die Linien und betrachten die entstandenen geometrischen Formen (→ Abb. 3.23).

Die verbundenen Spiegel werden in einem Winkel von ca. 90° aufgestellt und ein Strohhalm so davor platziert, dass die Spiegelung des Strohhalms ein Dreieck bildet. Wenn die Kinder den Spiegel stärker schließen, erscheint wie bei einem Kaleidoskop ein Viereck, ein Fünfeck und ein Sechseck. Die Kinder experimentieren und bilden Sterne und andere geometrische Figuren mit dem Strohhalm.

Naturwissenschaftlicher Hintergrund

Spiegel reflektieren das Licht. Dinge können von der einen Spiegelseite auf die andere Spiegelseite reflektiert werden. Deshalb werden die Gegenstände im Spiegel vielfach gesehen.

Tipps und Tricks

- Statt gerader Linien malen die Kinder geschwungene Linien auf das DIN-A4-Blatt. Es entstehen Blüten, Sterne und weitere fantastische Gebilde.
- Ein Hohlspiegel eröffnet weitere Dimensionen der Reflektion. Schauen die Kinder in das Zentrum eines Hohlspiegels, sehen sie sich selbst vergrößert.

3.3.4 Licht hat Energie

Bei den folgenden Experimenten erleben die Kinder, dass sich die Energie der Sonne zum Erhitzen und Kochen nutzen lässt und einen Elektromotor antreiben kann.

Ein Hohlspiegel sammelt die Sonnenstrahlen

Material

- Hohlspiegel von ca. 20 cm Durchmesser mit Halterung für ein Glasröhrchen (Bezugsquelle im Anhang)
- Wasser
- Klammer

Versuchsdurchführung

Der Hohlspiegel wird auf dem Außengelände so ausgerichtet, dass die Sonnenstrahlen in den Spiegel fallen. Das Glasröhrchen im Zentrum (Brennpunkt) des Spiegels wird mit etwas kaltem Wasser gefüllt. Nach einigen Minuten wird das Wasser heiß.

Naturwissenschaftlicher Hintergrund

Hohlspiegel können die energiereiche Strahlung der Sonne bündeln. Die Lichtstrahlen fallen in den Hohlspiegel ein und werden durch dessen Wölbung im Brennpunkt konzentriert. Dort erzeugt die Lichtenergie Hitze.

Tipps und Tricks

- Hohlspiegel mit Glasröhrchen sind oft auch Bestandteil von Solarbaukästen.
- Größere Hohlspiegel mit einem Durchmesser von ca. 80–100 cm sind geeignet, eine Suppe darin zu kochen. Es gibt solche Solarkocher im Handel bereits mit Halterung für einen Topf in der Mitte des Hohlspiegels. Je nach Stärke der Sonneneinstrahlung wird ein halber Liter Suppe in ca. 30 Minuten erhitzt.

Abb. 3.24: Ein Hohlspiegel vergrößert ein Abbild

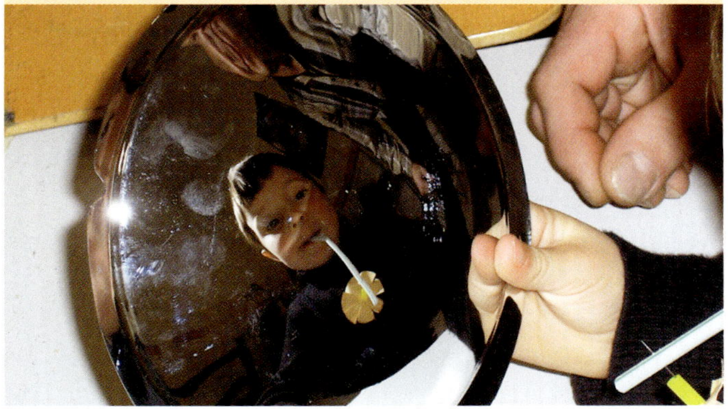

Eine Solarzelle treibt ein Farbrad an

Material

- Festes Papier
- Farbstifte
- Solarzelle und Elektromotor aus einem Solarbaukasten

Versuchsdurchführung

Ein Kreis mit ca. 6 cm Durchmesser wird in sechs gleiche Segmente aufgeteilt. Die Kinder malen die Segmente mit den Farben Blau, Violett, Rot, Orange, Grün und Gelb aus. Eine kleine Solarzelle wird an einen Elektromotor angeschlossen und das Farbrad auf die Antriebsstange des Motors gesetzt. Treffen Lichtstrahlen auf die Solarzelle, beginnt sich das Farbrad zu drehen.

Naturwissenschaftlicher Hintergrund

Die Sonnenenergie ist eine besonders saubere Energieform, da keine Abfallprodukte entstehen. Die im Sonnenlicht enthaltene Strahlungsenergie wird in der Solarzelle direkt in elektrische Energie umgewandelt. Der angeschlossene Elektromotor beginnt sich zu drehen und mit

Abb. 3.25: Eine Solarzelle ist mit einem Elektromotor verbunden

ihm das Farbrad (→ Abb. 3.25). Dreht es sich zu schnell, kann das Auge die verschiedenen Farben nicht mehr unterscheiden. Die Mischung aller Farben ergibt weiß.

Tipps und Tricks

- Die Kinder können die Leistung der Solarzelle auch mit einer Lampe testen. Sie schrauben verschieden starke Glühbirnen ein und überprüfen, wie schnell sich das Farbrad dreht (→ Abb. 3.26).
- Die Kinder können auch andere Muster für die Scheibe erfinden und beobachten, wie sich ihr Anblick beim Drehen verändert.
- Dieser Versuch eignet sich auch, um das Farbspektrum des Lichts zu demonstrieren.

Abb. 3.26: Eine Lampe spendet Licht für eine Solarzelle

3.4 Experimente zum Thema Magnetismus

Der **Magnetismus** spielt für das Überleben auf der Erde eine große Rolle, so schützt das Erdmagnetfeld beispielsweise vor der Weltraumstrahlung. Ohne das Magnetfeld wären Kompasse wirkungslos und auch die Zugvögel könnten sich auf ihren weiten Flügen nicht orientieren. Sie können das Erdmagnetfeld dank einer besonderen Struktur in ihren Augen fühlen.

Die anziehenden und abstoßenden Kräfte eines Magneten sowie die Linien eines Magnetfeldes lassen sich leicht experimentell sichtbar machen. Die Kinder erleben, dass die Magnetkraft problemlos Glas, Holz, Pappe, Kunststoff oder Wasser durchdringt und mit zunehmender Entfernung immer kleiner wird.

Anregungen für Forscher

Was sind Magnete? Welche Wirkungen haben Magnete? Kennt ihr Materialien, die magnetisch sind? Welche Materialien sind nicht magnetisch? Können wir andere Gegenstände magnetisch machen?

Überlegungen der Kinder

- Magnete können Kugeln bewegen.
- Der Magnetstab bringt die Büroklammern zum Tanzen.
- Das menschliche Geld ist aus Eisen und magnetisch.
- Wegen der Magnete können die Büroklammern fliegen.
- Wenn die Büroklammern aus Plastik wären, könnten sie nicht fliegen.
- Der Goldring ist nicht magnetisch, weil er zu schwer ist.
- Metall ist magnetisch.
- Das ist eine magnetische Geldwirkung.
- Die Kugeln kleben zusammen.

Magnetische Stoffe

Material

- Magnetstäbe
- Münzen aus verschiedenen Metallen
- Nadeln
- Plastikfiguren
- Holzstücke
- Schwämme
- Nägel
- Glas

Abb. 3.27: Ein Magnetstab hat die Kraft, eine Gabel anzuziehen

Versuchsdurchführung

Die Kinder überlegen bei jedem Gegenstand, ob er magnetisch ist. Dann überprüfen sie ihre Hypothesen mit dem Magnetstab.

Naturwissenschaftlicher Hintergrund

Magnetische Stoffe sind Eisen (Stahl, Gusseisen), Nickel, Kobalt und einige ihrer Verbindungen. Alle anderen Stoffe sind nicht magnetisch. Magnetische Stoffe haben meistens einen hohen Kohlenstoffgehalt, wodurch eine kristalline Struktur entsteht. Im Eisen sind besondere kristalline Bereiche gleichartig ausgerichtet, das heißt, alle Süd- bzw. Nordpole zeigen in dieselbe Richtung. Durch den Kontakt mit einem Magneten richten sich im Eisen die Pole aus. Damit wird Eisen selbst zum Magneten und kann wiederum andere magnetisierbare Stoffe anziehen.

Tipps und Tricks

Die Kinder können testen, ob die magnetische Kraft durch Plastik, Eisen und Holz hindurch wirkt.

Münzkette

Die Kraft eines Magneten vermag Münzen zu magnetisieren, die dann selbst zu Magneten werden und weitere Münzen magnetisieren.

Material

- Magnetstäbe
- Je zehn Münzen zu 1, 2 und 5 Cent

Versuchsdurchführung

Die Kinder halten den Magnetstab in der Hand und hängen die Münzen untereinander. Die Kinder schätzen, wie viele Münzen sie anhängen können (→ Abb. 2.14).

Naturwissenschaftlicher Hintergrund

Magnetische Stoffe wie Eisen werden durch den Kontakt mit Magneten selbst zu Magneten. Die jeweiligen Nord- und Südpole des Eisens in den Münzen ziehen sich an.

Tipps und Tricks

Die Kinder prüfen, ob die magnetischen Kräfte eines Magnetstabs gleichmäßig verteilt sind. Sie bilden eine Münzkette in der Mitte des Magneten und an den Rändern und erkennen, dass die Magnetkraft an den Rändern am stärksten ist und zur Mitte des Magneten stark abnimmt.

Münze im Wasserglas

Material

- Gläser
- Münzen zu 1, 2, 5 Cent
- Magnetstäbe

Versuchsdurchführung

Die Kinder füllen die Gläser mit Wasser und werfen dann eine Münze ins Wasser. Sie versuchen, die Münze aus dem Wasser zu holen, ohne die Hände oder den Magnetstab nass zu machen (→ Abb. 3.28).

Abb. 3.28: Magneten wirken durch Glas und Wasser

Naturwissenschaftlicher Hintergrund

Die Kraft des Magneten wird durch Wasser und Glas nicht verringert, sie durchdringt beide Substanzen.

Tipps und Tricks

- Wenn der Magnet sehr schnell am Glas nach oben bewegt wird, springt die Münze aus dem Glas, bleibt aber immer am Magneten haften.

- Mehrere Münzen werden in das Glas gegeben. Die Kinder probieren, wie viele Münzen sie auf einmal mit dem Magnetstab aus dem Wasser holen können.

Schwebende Büroklammer

Magnetische Kräfte bewegen Dinge, ohne sie zu berühren. Die Kraft nimmt mit der Entfernung ab.

Material

- Büroklammern
- Bindfaden
- Tesafilm
- Magnetstäbe

Versuchsdurchführung

Die Kinder befestigen eine Büroklammer am Bindfaden und kleben das Ende des Bindfadens mit einem Stück Tesafilm auf der Tischplatte fest. Die Kinder führen die Büroklammer mit dem Magnetstab langsam nach oben. Wenn sie die Magnetstäbe ca. 5 mm über der Büroklammer halten, schwebt sie in der Luft, bei einer größeren Entfernung fällt sie wieder herunter.

Naturwissenschaftlicher Hintergrund

Der Magnet zieht die Büroklammer an. So lange sie sich im Wirkungsbereich des Magneten befindet, fällt sie nicht herunter.

Tipps und Tricks

Die Kinder legen den Magnetstab auf den Tisch und lassen die Büroklammer am Bindfaden direkt über der Tischoberfläche schweben (→ Abb. 3.29). Die Kinder können die Büroklammer auf die Tischoberfläche drücken. Wenn sie loslassen, wird die Büroklammer immer wieder nach oben schweben.

Abb. 3.29: Eine Büroklammer schwebt über dem Tisch

3.5 Experimente zum Thema Töne und Klänge

Menschen und viele Tiere brauchen **Töne** zur Verständigung und Orientierung. Töne entstehen durch Schwingungen, wobei die Luft als Leiter dient und die Schwingungen transportiert. Die Schwingungen von Tönen lassen sich durch Stimmgabeln und Resonanzkörper hörbar und sichtbar machen. Dies ermöglicht Kindern einen experimentellen Zugang zur Welt der Töne und Klänge. Sie erleben, dass verschiedene Materialien unterschiedliche Töne hervorbringen und dass sie Töne nicht nur hören, sondern auch spüren können.

Anregungen für Forscher

Welche Töne kennt ihr? Welche Töne habt ihr schon in der Natur gehört? Welche Bedeutung haben Töne für die Menschen?

Überlegungen der Kinder

- Ich kann Klavier spielen.
- Der Wind kann pfeifen.
- Wir hören mit den Ohren.
- Aus einem Gummi kann ich eine Gitarre machen.
- Vögel, Grashüpfer und Eulen machen Töne.
- Ein Luftballon lebt nicht, macht aber Töne.
- Wir brauchen die Sprache, um mal nein zu sagen.
- Wir sprechen, um Bilder zu erklären.
- In der Natur rauschen die Bäche.

Schalen als Resonanzkörper

Material

- Schalen aus Metall, Holz und Plastik
- Unterschiedlich dicke Gummibänder

Versuchsdurchführung

Die Kinder spannen die Gummibänder über die verschiedenen Schalen und hören, welche Klänge sich bei den unterschiedlichen Materialien ergeben. Sie erproben die Auswirkung von unterschiedlichen Gummistärken und -spannungen auf den Klang. Sie bemerken, dass der Ton zu hören ist, solange das Gummiband schwingt (→ Abb. 3.30).

Abb. 3.30: Eine Plastikschale und ein Stück Pappkarton dienen als Resonanzkörper für die Klänge der Gummibänder

Naturwissenschaftlicher Hintergrund

Wenn ein Körper und die Luft schwingen, entsteht ein Klang. Der Resonanzkörper verstärkt den Klang. Die unterschiedlichen Materialien und Größen der Schalen produzieren verschieden starke Schallwellen und damit verschiedene Klänge und auch Lautstärken. Die Luft in den Schalen schwingt mit und damit wird der Ton des Gummis auf einer Schale lauter. Wenn ein Gegenstand lange schwingt, ist der Nachklang lange hörbar.

Tipps und Tricks

- Wenn die Kinder unter den Gummis noch Bleistifte platzieren wird der Klang verstärkt. Dies beruht darauf, dass die Reibung an der Schalenwand vermindert und die Luft in der Schale noch stärker in Schwingung versetzt wird.
- Die Wirkung eines verstärkten Klanges durch einen Hohlkörper können Kinder auch mit einer Gitarre erleben.

Lineale schwingen

Material

Ein Lineal für zwei Kinder

Versuchsdurchführung

Die Kinder legen das Lineal so auf den Tisch, dass ein großes Stück über die Tischkante ragt. Ein Kind hält das Lineal mit der Hand auf dem Tisch fest. Ein anderes Kind schlägt leicht auf das überstehende Linealteil. Das Lineal schwingt und bringt einen Klang hervor (→ Abb. 3.31).

Abb. 3.31: Lineale schwingen und tönen

Naturwissenschaftlicher Hintergrund

Ein schwingender Gegenstand bringt auch die ihn umgebende Luft in Schwingung. Die Schallwellen breiten sich aus und erreichen das Ohr.

Tipps und Tricks

- Anstatt eines Plastiklineals kann auch ein Holzlineal verwendet werden. Die Töne unterscheiden sich.
- Kürzere und längere Lineale erzeugen ebenfalls unterschiedliche Töne. Lange Lineale haben eine niedrigere Schwingungsfrequenz, weil die bewegte Masse größer als bei einem kurzen Lineal ist. Sie erzeugen daher einen tieferen Ton.

Wasser macht Musik

Material

- Flaschen
- Gläser
- Wasser
- Bleistifte

Versuchsdurchführung

Die Kinder füllen die Flaschen und Gläser mit unterschiedlich viel Wasser. Sie schlagen leicht mit dem Bleistift gegen das Glas. Verschiedene Tonhöhen sind zu hören.

Naturwissenschaftlicher Hintergrund

Die Wassermenge im Glas bestimmt den Klang des Glases. Das Wasser im Glas verringert die Schwingungsfrequenz des Glases. Je weniger Wasser im Glas ist, umso stärker schwingt es und desto höher ist der Ton.

Tipps und Tricks

- Die Kinder erproben Gläser mit einer unterschiedlichen Glasstärke und vergleichen den Klang.
- Bei dünnen Gläsern können sie auch versuchen, mit leicht feuchten Fingern über den Glasrand zu reiben. Mit etwas Übung entstehen Töne.

Abb. 3.32: Mit Wasser gefüllte Flaschen klingen

Klang wird übertragen

Material

- Luftballons
- Holztische

Versuchsdurchführung

Die Kinder pumpen einen Luftballon auf und verschließen ihn mit einer Klammer. Dann zupfen sie am Ballon. Dies wiederholen sie mit dem Ohr am Ballon. Nun klopfen die Kinder auf den Holztisch und legen anschließend beim Klopfen ihr Ohr auf den Holztisch. Sie tauschen ihre Beobachtungen aus

Naturwissenschaftlicher Hintergrund

Die Kinder hören den Ton deutlich lauter, wenn sie den Kopf direkt am Ballon haben. Da die Luft im Ballon komprimiert ist, wird der Schall besser übertragen. Wenn die Kinder das Ohr auf den Holztisch legen hören sie ihr Klopfen deutlich lauter. Holz überträgt die Schallwellen besser, weil im Holz die Moleküle dichter beieinander liegen als in der Luft.

Abb. 3.33: Ein Luftballon überträgt Klänge und Geräusche

Tipps und Tricks

- Die Kinder können mit Hilfe der Klammer die Luftmenge im Ballon regulieren und überprüfen, wie sich der Ton verändert.
- Statt auf Holz kann der Ballon auch auf Wasser gelegt werden. Er überträgt die Geräusche im Wasser (→ Abb. 3.33).

3.6 Experimente zum Thema Boden

Der **Boden** ist der oberste Teil der Erdkruste. Er wird nach unten durch festes oder lockeres Gestein, nach oben durch die Vegetationsdecke und die Atmosphäre begrenzt. Boden entsteht durch die Verwitterung von mineralischem Stein zu kleinen Korngrößen und durch die Zersetzung von organischen Substanzen. Auf dieser dünnen Bodenschicht beruht die Fruchtbarkeit der Erde. Bodentypen mit viel organischer Substanz sind besonders artenreich. Die Kinder können mit verschiedenen Bodentypen experimentieren und sehen, dass Pflanzen auf bestimmten Böden besser wachsen. Mit einfachen Experimenten lässt sich zeigen, dass der Boden Schmutzstoffe filtern und Wasser speichern kann.

Anregungen für Forscher

Woraus besteht der Boden? Weshalb ist der Boden wichtig? Welche Tiere leben im Boden? Kennt ihr Pflanzen, die im Boden leben? Was kann man alles finden, wenn man ein Loch in den Boden gräbt?

Überlegungen der Kinder

- Boden ist beige, hell- und dunkelbraun, gold, grau, schwarz, schlammig.
- Im Boden finden wir Dosen, Drachenknochen, Dreck, Gold, Knochen, Schätze, Skelette von Dinosauriern und Steine.
- Im Boden befinden sich Blätter, Karotten, Kartoffeln, Radieschen und Wurzeln.
- Im Boden leben Ameisen, Engerlinge, Käfer, Maulwürfe, Regenwürmer, Schnecken, Tausendfüßler und Würmer.
- Im Boden können wir Regenwurmgänge und Eier finden.
- Wenn es regnet, zieht das Wasser in den Boden ein.

Boden ist wasserdurchlässig

Material

- Drei kleine Blumentöpfe pro Kind
- Drei Trink- oder Marmeladengläser pro Kind
- Je ein Eimer mit Sand, Ton, Lehm und Gartenerde
- Wasser
- Messbecher

Versuchsdurchführung

Die Kinder füllen in jeden Blumentopf eine Bodenart. Dann stellen sie die Blumentöpfe in die Marmeladengläser und gießen auf die Bodenoberfläche je 100 ml Wasser. Sie beobachten, wie schnell das Wasser in den Marmeladengläsern ankommt. Die Kinder überlegen, warum das Wasser in manchen Bodenarten gebunden wird und wieso es bei anderen schnell durchläuft.

Naturwissenschaftlicher Hintergrund

Verschiedene Bodenarten haben aufgrund unterschiedlicher Porengröße eine größere oder kleinere Kapazität, Wasser zu binden. Boden besteht aus organischen und anorganischen Bestandteilen. Zwischen den Bodenteilchen sind mit Luft oder Wasser gefüllte Freiräume. Sandböden bestehen aus relativ großen Sandteilchen mit vielen Zwischenräumen. Das Wasser wird kaum festgehalten und fließt schnell durch. Tonböden bestehen aus kleinen Tonmineralteilchen mit nur geringen Zwischenräumen. Das Wasser wird in diesem Bodentyp gut festgehalten und fließt deshalb nur langsam durch den Boden. Der Lehmboden besteht aus Schluff (Bodenteilchen in der Größe zwischen Ton und Sand) und Sand. Die Durchlässigkeit von Gartenerde liegt zwischen Lehm und Sand.

Tipps und Tricks

Die Kinder färben das Wasser mit blauer Tinte und beobachten, wo sich die Bodenarten einfärben.

Boden filtert Wasser

Material

- Leere durchsichtige Plastikflaschen
- Haushaltstücher
- Messer
- Sand
- Gartenerde
- Lehm
- Kies
- Mit Erdpartikeln und Pflanzenteilen angereichertes Wasser

Versuchsdurchführung

Die Erzieherin schneidet vor dem Experiment die Plastikflaschen mit einem Messer in zwei Teile. Der obere Teil wird mit der Flaschenöffnung nach unten in den unteren Flaschenteil gestellt. In den oberen Teil kommt zuerst ein

Abb. 3.34: Verschiedene Böden lassen unterschiedlich viel Wasser durch

Stück Haushaltstuch, dann je eine Schicht Lehm, Erde, Sand und dann Kies. Nun geben die Kinder mit Erdpartikeln und Pflanzenteilen angereichertes Wasser auf die obere Kiesschicht. Sie beobachten die Wasserqualität, nachdem das Wasser alle Schichten durchflossen hat.

Naturwissenschaftlicher Hintergrund

Der Boden filtert durch die Bindung von Schmutzteilchen Wasser. Wasser, das schon einige Bodenschichten durchquert hat, ist von größerer Reinheit als Oberflächenwasser. Je feinporiger die Bodenart ist, umso feinere Schmutzteilchen können in dieser Schicht gebunden werden.

Tipps und Tricks

Die Filterleistung der verschiedenen Schichten können die Kinder auch einzeln überprüfen (→ Abb. 3.34).

Boden enthält Nährstoffe

Material

- Lehmboden
- Gartenerde
- Sandboden
- Blumentöpfe mit ca. 10 cm Durchmesser
- Senfsamen

Versuchsdurchführung

Die Kinder füllen die Blumentöpfe mit jeweils einer Bodenart und drücken die Senfsamen leicht in das Bodensubstrat. Danach werden die Samen leicht angefeuchtet. Die Blumentöpfe stehen an einem hellen Platz und werden jeden Tag gegossen, sodass die Erde gerade feucht, aber nicht nass ist. Die Kinder vergleichen das Pflanzenwachstum auf den verschiedenen Bodenarten.

Naturwissenschaftlicher Hintergrund

Die verschiedenen Bodenarten unterscheiden sich in ihrer Fähigkeit, Wasser und Nährstoffe im Boden und Porenraum zu binden. Entsprechend unterschiedlich fällt das Pflanzenwachstum aus. Sandboden hat den geringsten Nährstoffgehalt und trocknet am schnellsten aus. Am besten wachsen die Senfpflanzen im Gartenboden, weil dort aufgrund des hohen organischen Bestandteils die höchste Nährstoff- und Wassermenge vorhanden ist.

Tipps und Tricks

Für dieses Experiment eignen sich auch die Samen der Kresse oder des Bienenfreunds.

Boden entsteht durch Kompostierung

Material

- Terrarium
- Komposterde mit Bodentieren
- Blätter von Obstbäumen wie Kirsche oder Apfel

Versuchsdurchführung

Bei diesem Langzeitversuch über ca. fünf bis sechs Monate wird Komposterde mit den zugehörigen Bodentieren wie Springschwänzen, Schnecken, Tausendfüßlern und Insektenlarven in ein Terrarium gegeben und mit einer zwei- bis dreilagigen Blattschicht bedeckt. Ein Teil der Blätter wird zusätzlich mit Erde bedeckt. Die Kinder untersuchen zweimal in der Woche, wie sich die Blätter verändert haben. Sie betrachten die Blätter unter einem Mikroskop und beobachten die Tiere, die die Blätter fressen.

Naturwissenschaftlicher Hintergrund

Der Boden entsteht zunächst durch die Verwitterung von Gestein. Je mehr mineralische und organische Substanz sich anreichern, desto vielfältiger entwickelt sich das Bodenleben. Die Blätter z. B. werden von Springschwänzen, Schnecken, Tausendfüßlern und Insektenlarven angefressen. Pilze und Bakterien zersetzen die angefressenen Blätter. Diese Blattreste ziehen dann Regenwürmer in den Boden und fressen sie. Das Blatt verwandelt sich in Humus. Humus besteht aus einer Fülle unterschiedlichster toter organischer Stoffe von Pflanzen und Lebewesen.

Abb. 3.35: Kinder suchen nach Bodentieren in einem Komposthaufen

Tipps und Tricks

- Die Kinder geben die Blätter verschiedener Pflanzen in das Kompostterrarium und beobachten die unterschiedliche Zersetzung.
- Bestimmte Bereiche des Kompostterrariums werden regelmäßig befeuchtet, andere eher trocken gehalten. Unterschiede können beobachtet werden.

3.7 Experimente zum Thema Pflanzen

Die **Pflanzen** bilden eine eigene Gruppe innerhalb der Lebewesen. Sie sind die Grundlage des organischen Bestandteils im Boden und bilden damit in doppelter Hinsicht die Nahrungsgrundlage für Mensch und Tier: zum einen als Nährstofflieferant für das Pflanzenwachstum, zum anderen als Produzent essbarer organischer Stoffe wie den Kohlenhydraten. Dem Menschen dienen sie außerdem als Werkstoff, Genussmittel, Heilmittel oder als Energielieferant. Der Ursprung der fossilen Brennstoffe liegt beispielsweise in ihrer organischen Substanz. Pflanzen produzieren Sauerstoff. Durch die Photosynthese wandeln sie Kohlendioxid mit Lichtenergie zu Kohlenhydraten um und beeinflussen damit maßgeblich das Klima auf der Erde.

Im Laufe der Evolution haben Pflanzen viele Strategien zur Verbreitung ihrer Art entwickelt. Die Vielfalt an Samenformen ist beeindruckend. In der Forscherecke können die Kinder verschiedene Keimungs- und Wachstumsexperimente durchführen. Sie lernen die Wachstumsbedingungen von Pflanzen kennen und experimentieren damit, wie viel Licht, Wasser und Nährstoffe Pflanzen brauchen.

Anregungen für Forscher

Welche Pflanzen kennt ihr? Was brauchen Pflanzen zum Leben? Was benötigen Samen für die Keimung? Wie werden Samen verbreitet? Wo wachsen überall Pflanzen? Wer isst Pflanzen? Welche Bedeutung haben Pflanzen für die Erde? Welche Pflanzen schmecken euch am besten? Warum sind die Blüten der Pflanzen farbig?

Überlegungen der Kinder

- Die Samen sehen aus wie Steine.
- Samen brauchen zum Keimen Erde, Sonne, Luft und Regen.
- Wenn wir Samen nicht gießen, kommen keine Pflanzen.
- Kresse ist gesund.
- Wenn wir die Kresse abschneiden, tut ihr das weh.
- Die Pflanzen brauchen Liebe.
- Die Samen brauchen Luft, um zu wachsen.
- Pflanzen brauchen Blätter zum Leben.
- Pflanzen brauchen Wärme.

Aus einem Samen wächst ein Keimling

Material

- Teller
- Watte
- Samen von Kresse, Bohnen, Kürbis, Tomaten, Ringelblumen

Versuchsdurchführung

Jedes Kind sucht sich den Samen einer Pflanze aus. Es breitet auf dem Teller die Watte aus, streut einige Samen aus und befeuchtet sie. Der Teller wird beschriftet, damit die Pflanzen nicht verwechselt werden. Die Kinder haben die Aufgabe, ihre Pflanzensamen zu betreuen und feucht zu halten. Die Erzieherinnen dokumentieren mit den Kindern, wie die Samen quellen, wie sie ihre Form verändern und wann sie keimen.

Naturwissenschaftlicher Hintergrund

Verschiedene Samen haben eine unterschiedliche Keimdauer. Eine ausreichende Menge an Wasser und Wärme begünstigt die Keimung. Es gibt Lichtkeimer, die auf der Bodenoberfläche wachsen wie Kamille und Feldsalat oder Dunkelkeimer wie Bohnen, Erbsen oder Tomaten.

Abb. 3.36: Kinder beobachten das Wachstum von Keimlingen

Tipps und Tricks

Die Kinder setzen die Keimlinge in kleine Blumentöpfe und können sie mit nach Hause nehmen.

Pflanzen brauchen Licht und Wasser

Material

- Teller
- Watte
- Kressesamen
- Blumentöpfe
- Blumenerde
- Wasser

Versuchsdurchführung

Die Kinder setzen verschiedene Experimente an. Sie werden dazu in drei kleine Gruppen eingeteilt. Die erste Gruppe füllt Erde in Blumentöpfe, sät die Kressesamen auf die Bodenoberfläche aus und gießt sie. Die zweite Gruppe legt Watte auf Teller, streut Kressesamen auf die Watte und gießt sie. Die dritte Gruppe verfährt wie die zweite und gibt zusätzlich noch ein großes Glas über die Watte. Eine Art Gewächshaus entsteht. Als Zusatzexperiment werden noch Kressesamen auf Watte gelegt, ohne sie zu wässern. Die Kinder stellen fest, dass für das Keimen der Samen Wasser und Licht benötigt werden. Die Samen keimen auch auf Watte.

Naturwissenschaftlicher Hintergrund

Licht und Wasser beeinflussen die Keimung und die Geschwindigkeit des Pflanzenwachstums. In der Keimungsphase ist noch kein Bodensubstrat notwendig, da der Samen ein Nährstoffdepot enthält.

Tipps und Tricks

Kresse ist sehr gesund und kann nach erfolgreichem Versuchsabschluss als gemeinsames Frühstück mit Brot und Quark verspeist werden.

Abb. 3.37: Kresse braucht Wasser zum Wachsen

Wurzel und Spross haben Kraft

Material

- Erbsensamen
- Bohnensamen
- Wasser
- Gips
- Löffel
- Schüssel
- Joghurtbecher

Versuchsdurchführung

Die Kinder vermischen mit dem Löffel Gips und Wasser in einer Schüssel, bis ein dicker Brei entsteht. Den Brei füllen sie in die Joghurtbecher. Dann drücken sie vier Erbsensamen bzw. zwei Bohnensamen in die Becher. Sobald der Gips getrocknet ist, gießen sie die Becher jeden Tag ein wenig. Das Wasser lässt die Samen quellen, sie beginnen zu keimen und die Wurzeln wachsen. Sie sprengen den Gips und eventuell auch den Joghurtbecher. Die Kinder vergleichen die Entwicklung der Bohnen und Erbsen.

Naturwissenschaftlicher Hintergrund – Fakten und Aktivität der Kinder

Ein quellender Samen kann mit seiner Wachstumskraft und der Ausdehnung von Spross und Wurzel Gips und Beton sprengen.

Tipps und Tricks

- Der Gips wird zusätzlich in Behälter aus Glas, Keramik und Ton gegossen.
- Es werden für die Gipssprengung weitere Samenarten wie Kürbis, Radieschen oder Melone verwendet.

Wachstum von Bohnen zum Licht

Der Bohnenkeimling wächst dem Licht entgegen. Seine Wachstumsrichtung richtet sich immer wieder zum Licht hin aus.

Material

- Schalen
- Blumentöpfe
- Blumenerde
- Wasser

Versuchsdurchführung

Die Kinder geben einige Bohnensamen auf eine Schale und feuchten die Samen mit Wasser an. Weitere Samen werden in mit Erde gefüllte Blumentöpfe gegeben und leicht angedrückt. Nun beobachten die Kinder das Wachstum der Wurzeln und des Keimlings. Eine kleine Bohnenpflanze wird in einen ca. 40 cm hohen Karton gestellt. Der Karton wird geschlossen und auf einer Seite ein rundes Loch ausgeschnitten. Nach einigen Tagen lässt sich eine deutliche Neigung des Bohnenstängels zum Licht hin beobachten.

Naturwissenschaftlicher Hintergrund

Der Pflanze reagiert auf den Lichteinfall und mit Hilfe von Hormonen erfolgt ein schnelles Stängelwachstum zum Licht. Die Keimblätter richten sich so aus, dass sie eine maximale Lichtintensität nutzen können.

Tipps und Tricks

Wenn die Pflanze deutlich zum Licht hin gewachsen ist, wird das Loch wieder verschlossen und ein Loch auf der anderen Seite ausgeschnitten. Die Kinder beobachten die Reaktion der Pflanze und die Veränderung der Richtung des Stängelwachstums.

3.8 Experimente zum Thema Tiere

Kinder interessieren sich von klein an für Tiere und fühlen sich insbesondere von Säugetieren stark emotional angesprochen. Schon ab dem 6. Lebensmonat können sie Tiere von unbelebten Objekten unterscheiden. Die Beschäftigung mit dem Verhalten und den Lebensgewohnheiten von Tieren gibt Kindern die Chance, Zusammenhänge in der Natur zu begreifen. Sie beobachten z. B. die Verwandlung von Kaulquappen zu Fröschen und lernen dabei die unterschiedliche Anpassung an das Leben im Wasser und an Land kennen. Insekten oder Bodentiere sind im Außengelände des Kindergartens leicht zu finden und lassen sich in einfachen Versuchen gezielt beobachten.

Anregungen für Forscher

Wo leben Tiere? Welche Bodentiere kennt ihr? Welche Tiere leben im Wasser? Welche Haustiere kennt ihr? Brauchen wir Menschen Tiere? Wie ernähren sich Tiere?

Überlegungen der Kinder

- Regenwürmer machen Löcher in den Boden.
- Regenwürmer kommen, wenn es nass wird, aus dem Boden.
- Durch ihr Kaka machen Regenwürmer Erde.
- Die Erde ist das Haus der Regenwürmer.
- Feuerwanzen und Schmetterlinge laden sich in der Sonne auf.
- Schmetterlinge waren erst mal Raupen.
- Ameisen tragen ihre Eier mit sich rum.
- Ameisen leben unter Steinen.
- Unter Steinen leben auch Asseln.
- Molche sind wie kleine Dinosaurier.

Kaulquappen im Tümpelaquarium

Material

- Aquarium mit ca. 60–80 Litern
- Froschlaich aus einem Gartenteich
- Kies
- Wasserpflanzen

Versuchsdurchführung

Das Aquarium sollte hell, aber nicht in der Sonne stehen. Die Kinder geben eine Schicht Kieselsteine auf den Boden des Aquariums und füllen es zu 2/3 mit Leitungswasser. Das Wasser muss zwei bis drei Tage stehen. Dann geben die Kinder 2–3 l Teichwasser in das Aquarium. Nun können Algen und kleine Tiere das Aquarium besiedeln (→ Abb. 3.38). Dann legen sie den Laichballen in das Wasser. Je nach Temperatur schlüpfen die Kaulquappen nach zwei bis drei Wochen aus. Die Kaulquappen ernähren sich am Anfang von dem Laichballen und später von Algen. Im Aquarium können sie auch zwei- bis dreimal in der Woche mit einer Fingerspitze Fischfutter gefüttert werden. Es ist wichtig, dass sich im Wasser keine Libellenlarven oder große Wasserkäfer wie der Gelbrandkäfer befinden. Sie würden die Kaulquappen auffressen. Wenn die Verwandlung zum Frosch fortgeschritten ist und die Kaulquappen schon kleine Vorderbeine bekommen, werden sie in den Teich zurückgegeben. Sobald die kleinen Frösche an Land gehen machen die Kinder eine Exkursion zum Gartenteich.

Abb. 3.38: Kinder beobachten Kaulquappen in einem Tümpelaquarium

Naturwissenschaftlicher Hintergrund

Die Frösche legen ihre Eier in Laichklumpen ab, die über 1000 Eier enthalten können. Die Embryonalentwicklung dauert je nach Froschart und Umgebungstemperatur nur einen Tag oder mehrere Wochen; beim Grasfrosch beispielsweise sind dies 10 bis 14 Tage. Die Dauer der Entwicklung von der Kaulquappe zum Froschlurch ist ebenfalls je nach Froschart und Umgebungstemperatur unterschiedlich. Bei Grasfrosch-Kaulquappen beispielsweise sind es normalerweise etwa 10 bis 12 Wochen. Kaulquappen aus Laich, der Anfang April abgelegt wurde, verlassen etwa Mitte bis Ende Juni den Weiher.

Bei den jungen Kaulquappen sind die Kiemenbüschel sichtbar, mit denen die Kaulquappen atmen. Während der Entwicklung verschwinden die Kiemen und die Lunge bildet sich aus. Das Raspelmaul der Kaulquappe, mit dem sie Pflanzennahrung zu sich nimmt, entwickelt sich zum Schnappmaul des Frosches, der damit tierische Nahrung zu sich nehmen kann. Der Kaulquappe wachsen zuerst die Hinterbeine und dann die Vorderbeine. Schließlich verliert sie ihren Schwanz und verlässt bald als Frosch das Wasser.

Tipps und Tricks

- Froschlaich und Kaulquappen dürfen nicht in der freien Natur gesammelt werden.
- Soll die Entwicklung von ein oder zwei Fröschen im Aquarium noch weiter beobachtet werden, brauchen sie auf dem Wasser schwimmende Blätter und aus dem Wasser ragende Pflanzen, um sich auf das Trockene begeben zu können. Sie werden dann in ein Terrarium mit einem kleinen Wasserbereich umgesetzt und können dort für fünf bis sieben Tage gehalten werden. Das Terrarium wird vielfältig bepflanzt und die kleinen Frösche erhalten kleine stummelflügelige Fliegen und Fliegenmaden zum Fressen. Sie können im Zoo- und Aquarienhandel bezogen werden. Die Kinder können die Frösche beim Beutefang beobachten.

Bodentiere in Bodenproben

Material

- Drei Trichter aus fester Pappe mit großer Öffnung
- Drei Lampen
- Schwarzes Papier
- Drei Plastikgefäße
- Drei Eimer
- Schaufel
- Drei Bodenproben

Versuchsdurchführung

Die Kinder nehmen auf dem Außengelände des Kindergartens Bodenproben aus der Wiese, unter einem Strauch und aus dem Komposthaufen und legen sie in je einen Eimer. Drei Plastikgefäße werden mit schwarzem Papier umklebt, damit kein Licht einfallen kann. In ihre Öffnung wird jeweils ein Trichter gesetzt. Er kann aus einem festen Stück Pappe geformt werden und soll die Öffnung der Plastikgefäße vollständig bedecken. Der Trichter hängt mit einigen Zentimetern Abstand über der Bodenfläche des jeweiligen Plastikgefäßes. Die Kinder füllen nun jede Erdprobe in einen Trichter und halten eine Lampe darüber. Die Bodentiere flüchten vor der Wärme und dem Licht in den unteren

Abb. 3.39: Eine Bodenprobe wird beleuchtet

Bereich des Trichters und fallen dann in das Plastikgefäß. Die Kinder beobachten, welche und wie viele Tiere sich im Behälter befinden (→ Abb. 3.39).

Naturwissenschaftlicher Hintergrund

Bodentiere bevorzugen dunkle und feuchte Biotope. Je nach Bodenstandort gibt es eine unterschiedlich große Artenvielfalt. Auch die Anzahl variiert deutlich. Da der Kompost am nährstoffreichsten ist, finden sich dort die meisten Tierarten und die größte Anzahl von Tieren.

Tipps und Tricks

Die Tiere werden in ein Terrarium gesetzt, das mit Boden, Kompost, Steinen und einigen Pflanzen ausgestattet ist. Die Kinder können beobachten, welchen Ort die Tiere bevorzugen und welche Nahrung sie aufnehmen.

Asseln mögen es feucht und dunkel

Material

- Plastikbehälter (15 x 30 cm)
- Plastikschaufel
- Erde
- Wasser

Versuchsdurchführung

Der Plastikbehälter wird mit getrockneter Erde aufgefüllt. Die Kinder suchen unter Steinen, Blättern und im Komposthaufen etwa zehn Asseln. Sie nehmen sie mit einer kleinen Plastikschaufel und etwas Erde auf und geben sie in den vorbereiteten Plastikbehälter. Im ersten Experiment wird der Plastikbehälter zur Hälfte abgedeckt und die Kinder können beobachten, ob sich die Asseln eher im dunklen oder hellen Bereich aufhalten. Im zweiten Experiment wird auf die eine Hälfte des Behälters etwas Wasser gegossen und dann das ganze Gefäß mit einem Deckel mit Luftlöchern abgedeckt. Nach wenigen Minuten schauen die Kinder nach, ob sich die Asseln eher im feuchten oder eher im trockenen Bereich aufhalten. Nun können die Kinder einige schon leicht zersetzte Blätter in den Behälter geben, den Deckel auf den Behälter legen und nach einigen Minuten schauen, wo sich die Asseln befinden.

Naturwissenschaftlicher Hintergrund

Asseln leben unter Steinen, Holz und Laub. Sie schätzen feuchte und dunkle Lebensräume und sind an der Zersetzung der organischen Substanz und damit an der Entstehung des Bodens beteiligt. Die Asseln bevorzugen die dunklen Bereiche, da sie dort vor Fressfeinden besser geschützt sind; in den feuchten Bereichen finden sie mehr Nahrung.

Tipps und Tricks

Asseln können für einige Wochen in einem Terrarium gehalten werden, um ihre Aktivitäten über einen längeren Zeitraum beobachten zu können.

Insekten anlocken

Material

- Rotes, grünes, blaues, weißes, gelbes Papier
- Deckel von Sahneflaschen
- Zuckerwasser
- Wasser
- Honig

Versuchsdurchführung

Die Kinder gehen an einem sonnigen Tag in den Garten und schneiden aus den bunten Papieren verschiedene Blütenformen aus. Sie legen sie in die Nähe von Blumen, an denen sich viele Insekten aufhalten. Die Kinder beobachten, ob die Insekten auf die Farbblumen aus Papier reagieren. Dann stellen sie mit Wasser und Zuckerwasser gefüllte Sahnedeckel in die Nähe der Blumen und beobachten, ob Insekten die Nahrungsquelle erkennen. Sie können auch duftenden Honig mit etwas Wasser gemischt anbieten. Die Kinder beobachten, ob bestimmte Insekten besondere Blumen und/oder besondere Nahrungsquellen bevorzugen.

Abb. 3.40: Ein Junge betrachtet die Welt in anderen Farben

Naturwissenschaftlicher Hintergrund

Viele Blüten sind mit kräftigen Farben versehen und haben auffällige Formen oder Muster, um Insekten anzulocken. Viele Insekten werden auch durch einen intensiven Blütenduft angelockt. Die Farbvorlieben von Insekten machen sich die Landwirte zu Nutzen. Sie hängen gelbe Tafeln mit Klebstoff in die Obstbäume und erkennen durch die Anzahl der gefangenen Insekten, ob sich bestimmte Schadinsekten stärker vermehren.

Tipps und Tricks

Insekten haben Facettenaugen und sehen ein anderes Farbspektrum als Menschen. Die Kinder halten sich verschiedene Farbfolien vor die Augen und betrachten, wie die Welt in einer anderen Farbe auf sie wirkt (→ Abb. 3.40).

Anhang

Modellprojekte und Ansprechpartner

Gesellschaft für Umweltbildung Baden-Württemberg e. V. (GUB)

Prankelstr. 68, 69469 Weinheim,
Tel. u. Fax: 0 62 01 / 60 17 27
E-mail: bern74@t-online.de
www.gub-bw.de

Die Aktivitäten der Gesellschaft für Umweltbildung Baden-Württemberg e. V. zur Förderung der Umweltbildung und Naturwissenschaften im Kindergarten haben eine Integration dieser Bereiche in den Alltag der Kindergärten zum Ziel. Die Mitarbeiter der GUB unterstützen die Gründung von Lernwerkstätten in den Kindergärten durch die Bereitstellung von geeigneter Ausstattung und von pädagogischem und naturwissenschaftlichem Fachpersonal. Sie gehen zweimal monatlich in jeden Modellkindergarten, forschen mit den Kindern und bilden die Erzieherinnen fort. Sie bieten auch Fortbildungsseminare zu verschiedenen naturwissenschaftlichen Themen an und führen naturwissenschaftliche Projekttage/-wochen in den Kindergärten durch.

Naturwissenschaftliche Kenntnisse sind die Grundlage für eine sinnvolle Umweltbildungsarbeit, und umweltgerechtes Verhalten ergibt sich aus einem Verständnis für die Naturkreisläufe. Deshalb erarbeiten Mitarbeiter der GUB gemeinsam mit den Erzieherinnen Möglichkeiten, wie sie Forscherecken oder Lernwerkstätten im Kindergarten einrichten können und welche Bedeutung Beobachtung und Dokumentation in Bildungsprozessen haben. Die GUB berät auch bei der naturnahen und vielfältigen Gestaltung des Außengeländes, denn die Gestaltung der inneren und äußeren Räume im Kindergarten ist für den Erfolg der Bildungsarbeit im Kindergarten von zentraler Bedeutung.

Kindergartenlabor e. V.

Alfred-Delp-Str. 5, 68163 Mannheim
Tel.: 06 21/81 47 24
E-mail: info@kindergartenlabor.de
www.kindergartenlabor.de

Im Rahmen eines Projekts der Stiftung Kinderland Baden-Württemberg kommt der Bildungsclown Jörn Birkhahn, Initiator des Kindergartenlabors, mit seinem Programm „Der Clown macht Experimente“ in die Kindertageseinrichtungen. Zur Auswahl stehen spannende Versuchsreihen zum Thema Luft, Wasser, Kohlendioxid und Elektrizität. Mit verschiedenen Angeboten in den Einrichtungen werden Eltern, das Team und die Kinder für dieses Thema begeistert. Dazu gehören beispielsweise Miniwissenschaftstage oder Elternabende, an denen Versuche vorbereitet werden für einen Veranstaltungstag. Dort führen dann die Eltern die Versuche mit ihren Kindern durch.

Um das Projekt Laborecke als ständige Einrichtung in Kindertageseinrichtungen zu starten, bietet das Kindergartenlabor e. V. Anregungen zur Grundausstattung sowie eine Teamfortbildung an. In diesem Seminar werden die theoretischen und praktischen Grundlagen vermittelt.

Ingenieurbüro STADT + NATUR

Ziegelstr. 38, 42289 Wuppertal
Tel.: 02 02/3 17 31 79
Fax: 02 02/3 17 32 35
E-mail: wtal@STADT-UND-NATUR.de
www.STADT-NATUR-NRW.de

Das erste Ingenieurbüro STADT + NATUR wurde 1990 in Rheinland-Pfalz gegründet. Sehr schnell entwickelte es sich zum Spezialisten für die Gestaltung naturnaher kindgerechter Spielräume und wuchs zu einer gleichnamigen Bürokooperation mit mehreren eigenständigen Partnern heran. Bei STADT + NATUR fanden Landschaftsarchitekten, Biologen und Fachpädagogen zusammen. Sie engagieren sich für die Ökologie und für die Interessen der Kinder und Jugendlichen, beschäftigen sich aber darüber hinaus auch mit allen anderen Gebieten der Objekt- und Landschaftsplanung. Bei allen Projekten ist die Partizipation der Nutzergruppen von grundlegender Bedeutung – von der Planung bis zur Ausführung.

STADT + NATUR bietet die Planung und Betreuung einer naturnahen Um- und Neugestaltung des Kindergarten-Außengeländes an. Den Planerinnen des Wuppertaler Büros, Marketa Kolarova und Jessika Lüdenbach, ist hierbei sowohl das Erleben von Natur und Umwelt als auch das Einrichten von naturwissenschaftlichen Forscherecken ein Anliegen: „In jedem Außengelände lassen sich verschiedene Nutzungsbereiche sinnvoll anordnen und untereinander vernetzen, entsprechend den Bedürfnissen ihrer Nutzer und der Konzeption der Einrichtung. Je nach Größe des Geländes können nicht immer alle Ideen verwirklicht werden, aber ein guter Planer findet auch bei schwierigen Verhältnissen einen guten Weg. Er achtet auch darauf, dass dabei alle gültigen Sicherheitsvorschriften und Normen eingehalten werden."

Die Bürokooperation STADT + NATUR ist in Klingenmünster, Oestrich-Winkel, Kassel, Suderburg, Karlsruhe, Mering und Wuppertal vertreten.

Natur-Kinder-Garten-Werkstatt Reichshof e. V.

Dorner Weg 4, 51580 Reichshof
Tel.: 0 22 61/5 22 21
Fax: 0 22 61/80 48 31
E-mail: IrmgardKutsch@aol.com

Die Natur-Kinder-Garten-Werkstatt Reichshof wurde 1994 mit dem Ziel gegründet, durch kreatives Planen, Gestalten und Pflegen von lebendigen Erfahrungsfeldern Kindern naturwissenschaftliche Grundlagen „er-lebbar" und „be-greifbar" zu machen, handwerkliche Fähigkeiten zu fördern und so zu einer ökologischen und sozialen Friedenserziehung beizutragen. Im Vordergrund steht das Kind mit seiner einzigartigen Individualität, mit seiner Phantasie, seiner Spiel- und Bewegungsfreude und seinem ureigenen Weltinteresse. Die Natur-Kinder-Garten-Werkstatt bietet schwerpunktmäßig am natürlichen Jahresrhythmus orientierte Themen an, bei denen es immer darum geht, den Kindern eine große Vielfalt an Sachzusammenhängen und Handlungsabläufen anzubieten.

Die Natur-Kinder-Garten-Werkstatt Reichshof e. V. arbeitet mit Einrichtungen für Kinder zusammen und unterstützt sie beim Planen und Anlegen naturnaher Außen- und Innenräume. Forscher- und Entdeckerecken für Naturzusammenhänge spielen hierbei eine wesentliche Rolle. Die Natur-Kinder-Garten-Werkstatt bietet zudem Teamfortbildungen und Fachvorträge zu jahreszeitlich orientierten elementarpädagogischen Themen an, die die menschlichen Lebensgrundlagen wie Ernährung, Wohnen und Bekleiden beinhalten. Es geht in erster Linie darum, dass Kinder sich erlebend, entdeckend, forschend und begreifend mit den Dingen des täglichen Lebens auseinandersetzen können.

Finkens Garten
Friedrich-Ebert-Str. 49, 50996 Köln
Tel.: 02 21/28 57-364, Servicetelefon 8.00-9.00 Uhr
Fax: 02 21/28 57-363
E-mail: finkensgarten@netcologne.de

LBV Kindergarten arche noah
Eisvogelweg 1, 91161 Hilpoltstein
Tel.: 0 91 74/47 75 42
E-mail: info@lbv.de
www.lbv.de

Metropolregion Rhein-Neckar GmbH
Arbeitsgruppe Frühkindliche Bildung,
Projektbüro „Vereinbarkeit von Beruf und Familie“
N7, 5-6, 68161 Mannheim
Tel.: 06 21/1 29 87-41
Fax: 06 21/1 29 87-52
E-mail: bianca.prismantas@m-r-n.com

NaturGut Ophoven e. V.
Talstr. 4, 51379 Leverkusen
Tel.: 0 21 71/73 49 90
Fax: 0 21 71/3 09 44
E-mail: zentrum@naturgut-ophoven.de
www.naturgut-ophoven.de

S.O.F.-Umweltstiftung
Jürgensallee 51-53, 22609 Hamburg
Tel.: 0 40/24 06 00
Fax: 0 40/24 06 40
E-mail: info@save-our-future.de
www.save-our-future.de

Stiftung Kinderland Baden-Württemberg
Im Kaisemer 1, 70191 Stuttgart
E-mail: pfitzenmaier@landesstiftung-bw.de
www.stiftung-kinderland.de

Zentrum für naturwissenschaftliche Frühförderung
Pädagogische Hochschule Heidelberg
Tel.: 0 62 21/47 75 91
E-mail: welzel@ph-heidelberg.de
www.forscherstation.info

Bezugsquellen für Materialien und Naturprodukte

Ameisen
www.antshop.de

Elektronik, Solarbauteile, Hohlspiegel
www.opitec.de
www.mueller-solartechnik.com
www.solarshop.net
www.inprosolar.de

Kindergartenbedarf Naturwissenschaften, Regenwurmkasten
B+B Direktversand, Wilhelm-Maybach-Str. 1-3,
73479 Ellwangen, Tel.: 07 96 17/9 00 09 50
www.bb-versand.de

Laborbedarf
Aug. Hedinger GmbH & Co.KG, Heiligenwiesen 26,
70327 Stuttgart, Tel.: 07 11/40 20 50
www.hedinger.de

Naturschutzprodukte für Haus, Wald und Garten
Schwegler Vogel- und Naturschutzprodukte GmbH,
Heinkelstr. 35, 73614 Schorndorf, Tel.: 0 71 81/97 74 50
www.schwegler.de

Pilze
Hawlik Euro Pilzbrut GmbH, Ölschlagerweg 8,
82064 Großahrting, Tel.: 0 81 70/6 51
www.pilzshop.de

Literatur

Baer, U. (Hrsg.) (2007). Entdecken, gestalten, verstehen. Münster: Münster Ökotopia Verlag

Braunecker, I. & Weber T. (2007). Wenn's blitzt und blubbert. Chemische und physikalische Experimente für Kinder. Berlin, Düsseldorf: Cornelsen Verlag Scriptor

Brown, M. (2006). Natur und Umwelt: forschen untersuchen entdecken. Berlin, Düsseldorf: Cornelsen Verlag Scriptor

Brüssel, P. (2006). Professor Kleinsteins Experimentier-Werkstatt für Kinder. Münster: Ökotopia Verlag

Charpak, G. (2006). Wissenschaft zum Anfassen - Naturwissenschaften in Kindergarten und Grundschule. La main à la pâte. Berlin, Düsseldorf: Cornelsen Verlag Scriptor

Dahle, G. (2007). Mathematik & Naturwissenschaften. München: Olzog Verlag

Dieken, van C. (Hrsg.) (2004). Lernwerkstätten und Forscherräume in Kita und Kindergarten (4. Aufl.). Freiburg: Herder Verlag

Elschenbroich, D. (2005). Weltwunder Kinder als Naturforscher. München: Verlag Antje Kunstmann

Förderverein NaturGut Ophoven e. V. (2007). Ein Königreich für die Zukunft – Energie erleben durch das Kindergartenjahr! Wetzlar: NZH Verlag

Heinzelmann, G. (2004). Wasserzauber. Experimente und Spiele rund um das Wasser. Ein Werkstattbuch. (2. Aufl.). Berlin, Düsseldorf: Cornelsen Verlag Scriptor

Hündlings, A. (2007). Wasserforscher & Luftikusse. Mühlheim an der Ruhr: Verlag an der Ruhr

Jansen, F. & Scherer, P. A. (Hrsg.) (2007). Forschend die Welt erobern. Naturwissenschaften im Kindergarten. München: Kösel

Jörke, R. (2005). Färben mit Pflanzen (9. Aufl.). Stuttgart: Verlag Freies Geistesleben

Kieninger, M. (2008). Physik mit 4- bis 6-Jährigen. Berlin, Düsseldorf: Cornelsen Verlag Scriptor

Kieninger, M. (2008). Technik mit 4- bis 6-Jährigen. Berlin, Düsseldorf: Cornelsen Verlag Scriptor

Kieninger, M. (2008). Chemie mit 4- bis 6-Jährigen. Berlin, Düsseldorf: Cornelsen Verlag Scriptor

Kieninger, M. (2008). Biologie mit 4- bis 6-Jährigen. Berlin, Düsseldorf: Cornelsen Verlag Scriptor

Krumbach, M. (2002). Von Farbe, Licht und Schatten. Münster: Ökotopia Verlag

Kutsch, I. & Walden, B. (2001). NaturKinderGartenWerkstatt Frühling. Stuttgart: Verlag Freies Geistesleben

Kutsch, I. & Walden, B. (2001). NaturKinderGartenWerkstatt Sommer. Stuttgart: Verlag Freies Geistesleben

Kutsch, I. & Walden, B. (2001). NaturKinderGartenWerkstatt Herbst. Stuttgart: Verlag Freies Geistesleben
Kutsch, I., Walden, B. (2001). NaturKinderGartenWerkstatt Winter. Stuttgart: Verlag Freies Geistesleben
Lerch, J. & Willmer-Klumpp, C. (2004). Experimentieren im Kindergarten. Stuttgart: Ernst Klett Verlag
Lück, G. (2006). Was blubbert da im Wasserglas? Freiburg: Herder Verlag
Lück, G. & Köster, H. (Hrsg.) (2006). Physik und Chemie im Sachunterricht. Bad Heilbrunn: Klinkhardt, Braunschweig: Westermann Schulbuchverlag
Neumann, A. & Neumann, B. (2006). Wetterfühlungen. Münster: Ökotopia Verlag
Nützel, R. (2007). Förderung des Umweltbewusstseins von Kindern. München: oekom Verlag
Oberholzer, A. & Lässer, L. (2003). Gärten für Kinder. Stuttgart: Verlag Eugen Ulmer & Co.
Österreicher, H. (2006). Natur- und Umweltpädagogik für sozialpädagogische Berufe. Troisdorf: Bildungsverlag EINS
Schäfer, G. E. (Hrsg.) (2005). Bildung beginnt mit der Geburt (2. Aufl.). Berlin, Düsseldorf: Cornelsen Verlag Scriptor
Seitz, M., Seitz, R. (2005). Rot, Gelb, Blau und alle Farben (4. Aufl.). München: Don Bosco
Witt, R. & Nyncke, H. (2005). Wir entdecken die Natur. Ravensburg: Ravensburger Buchverlag

Internet

www.bne-portal.de
www.kindergartenpaedagogik.de
www.kidsweb.de/experi/experinh.htm
www.natur-wissen-schaffen.de
www.physikfuerkids.de
www.science-on-stage.de
www.wissen-und-wachsen.de